U0688110

桃之夭夭

著

真正的优雅，
经得起岁月

中国出版集团　现代出版社

图书在版编目（CIP）数据

真正的优雅，经得起岁月 / 桃之夭夭著. —北京：
现代出版社，2017.3
ISBN 978-7-5143-5823-0

Ⅰ．①真… Ⅱ．①桃… Ⅲ．①女性－名人－生平事迹
－中国 Ⅳ．①K828.5

中国版本图书馆CIP数据核字（2017）第033786号

著　　　者	桃之夭夭
责任编辑	杨学庆
出版发行	现代出版社
通讯地址	北京市安定门外安华里504号
邮政编码	100011
电　　　话	010-64267325　64245264（传真）
网　　　址	www.1980xd.com
电子邮箱	xiandai@cnpitc.com.cn
印　　　刷	三河市金泰源印务有限公司
开　　　本	880mm×1230mm　1/32
印　　　张	7.5
版次印次	2017年5月第1版　2021年1月第2次印刷
标准书号	ISBN 978-7-5143-5823-0
定　　　价	45.00元

序

假如，此生只是戏一场，戏终人散，那么，在落幕之后、离场之前，让我们彼此守着那段记忆与美好，冷暖自知。

没有了我的日子，你依然如意。

没有了你的日子，我安然无恙。

一

人与人之间的相识，来得往往不容易，遇见，需珍惜，离别，自珍重。

任何的伤害，都必定刻骨铭心；任何的过错，都必定化茧成蝶。

一路走来，我们渐行渐远渐无声，拥有的逐渐失去，爱过的逐渐褪色，深刻的逐渐忘却。

并非我们不懂珍惜，而是有些缘分从遇见便已经注定了长短。来时，轻盈自如，去时，悄无声息，无论如何挽留，也不过是刹那芳华。

于是，我们学会懂得珍惜。

这世间，有太多的情感都如同负重，欲爱不能，欲罢不忍，各有辛酸，只得慢慢习惯。

不知谁可以静坐云端，冷眼看凡尘烟火；不知谁能独善其身，参透情字，不为情苦。

怕是女子皆难过情关。

或目成心许，或情难自禁，或一意孤行，或私许终身，美丽的女子往往有着美丽的缘分。然而，人生不是只靠这一段缘分维系。

爱如飞蛾扑火时，势必折翅，伤人伤己。

二

汝爱我心，我怜汝色，是以姻缘，经千百劫，常在缠缚。

佛家爱说因缘，倘若，你是我前世种下的因，那么，我又是谁此生结下的果？

因是那一抹低头浅笑，恰似水莲花不胜风的娇羞；因是人间四月天，燕子呢喃，春风和暖；因是沱江边上的甜酒，甜糯芳香，一口醉人。

果呢，是一生一世情牵，是最好的年纪爱上最好的人，是遇上对方之后再也没有想过娶别的女人。

因何开始，缘何结束，都是世间注定。

有些感情，轮回中相遇，残缺中相忘，爱恨得失不过是南柯一梦；有些人，容颜如玉，来去如风，斩不断，放不下。

邂逅只片刻，痴缠误一生。

温柔多情的，未必能风雨同舟；缠绵悱恻的，未必能白头到老；浪子放荡的，却可能与你沧海桑田坚守一生。

凡尘喧闹，爱恨拥攘，那些心似山茶、颜如芙蕖的女子们奔走一生，都在寻找安放灵魂的地方。

三

她们的故事很长，娓娓道来，有爱与哀伤，有韧与坚强。

如同穿林打叶，淅沥之后是平静；如同一池春水，涟漪之后是安然；如同梨花忽来，灿烂之后是无声。

我们只是旁观者，却也不由得轻叹，她们身上是不动声色的淡定和不惧光阴的优雅。

天涯很远，来日方长，她们爱过痛过也流泪过，最后却心空澄明，看破识破也参破。

对于她们，人生没有终点，只有路口，即使错过了时光与姻缘，也从不慌张；

对于她们，跌宕起伏的过去，并无留恋，那是身后的风景，前方的路才更迷人；

对于她们，爱是真切，恨也是出自真心！

故事尚未讲完，她们已成为远去的回忆，那些人，那些事，音容宛在。

原来，人生总是不得圆满，原来，不是所有的人都能够在恰好的时光中遇到正好的人。她们曾经遇到了爱情，成全了爱情，后来也辜负了爱情。

四

她在烟水迷离的江南走出来，满身荷风细雨的清雅，开启一场情真意切的好戏；

她愿为锦瑟相伴，却因流年无情，檀郎薄幸，匆匆谢了人生这一幕戏；

她于艰难的乱世中寻找梦的方向，被轻视，也被珍藏，被践踏，也被青睐，被追捧，最后被遗忘。

她在姹紫嫣红的春光中，品一杯略苦的香茗，读一卷陈旧的书，做一个洗尽铅华的女子；

她在千山万水中独自行走，身如莲花，心如菩提，风尘起落时，笑对沉与浮；

她用尽了力气去爱陌生的人，却忘记了用同样的力气爱珍贵的自己；

……

她，是乱世中的女子，她，是故事里的主角。

她们是民国最美的印记，于繁华中坚守纯真，于纷扰中修养心境，于逆境中亭亭净植。

她们的人生或悲或喜，却不减风致，不改优雅，令人心动，令人向往。

她们教会每个女子，不可深陷泥泞，不可挥霍光阴，不可惑于内心的爱与恨，此生安宁，便是最好。

五

斯人已去，芳踪渺渺。

我们，又何尝不是人生的过客，须臾而来，须臾而去，或许还不如她们轰轰烈烈，或许还多了纷扰和惆怅。

名利如风霜，浮华是刀剑，爱恨最伤人。

活得优雅是女人的本事，也应该是本能。

因为花容月貌终究敌不过岁月，风华绝代也会慢慢凋零，唯独一颗通透的心不会被磨灭。

目 录

真
正
的
优
雅
·
经
得
起
岁
月

目
录

3

冰　心：死生契阔，与子成说

幸福有千万种模样，荡气回肠是一种，平凡也是一种。

每个人的追求都不相同，有人喜欢轰轰烈烈的传奇，有人向往大悲大苦的跌宕，有人渴望花好月圆的浪漫。但也有人喜欢从青梅竹马到白发苍苍，不必聚合离散，不必悲喜无常，不必沉浮随浪。

我所能想到的最大幸福，就是和他一起慢慢变老，免流离，无惊扰。

说来容易，做到难，而冰心就是一个幸运的女人。或许她在民国才女中是最没有故事的一位，是平淡如水的一位，但她也是最幸福的一位，她与吴文藻相濡以沫的婚姻虽不惊艳，却历久弥新。

总有些过往会成为经久的回忆

因为一篇《小橘灯》，那个在冬夜里拎着一盏橘子灯的女子被人记住了。她笑容和暖，心地良善，在纷扰的民国自成风景，不容忽略。

我总是惊叹于冰心的真与善，即便当时她已经是公认的北平才女，却没有恃才傲物，也没有丝毫架子，还和那些幼嫩的孩子交了朋友，这是别的名媛才女做不到的。

她似乎从不把才女的称号当一回事。

或许，只有底气十足的人，才不屑于追求汲汲浮名，那些头衔、夸耀、掌声，都是别人给予的附加品，她们知道自己的价值，不担心别人不识货。就像真正的美人，她是不会在意外界那些评价的，不管是酸不溜几的讽刺、嫉妒的中伤，还是爱慕的追捧，都无法改变她美貌倾城的事实。

不是每个人都有这样的自信和气度，民国才女无数，其中不少人被虚名所累，被四面涌来的爱慕所困，但是冰心没有。当时，极具才气的梁实秋对她表示了好感，冰心也非常欣赏他的才气，谈文论作，视为知己，但涉及儿女情思，她选择了委婉拒绝。

名满天下的才子，男才女貌的佳话，换成别的女子，也许就答应了。但冰心很理智，她要的不是别人的追捧和羡慕，她要的是一个真正志同道合、心心相印的爱人。

她拒绝了无数示好和追求的青年才俊，她在等一个心仪的人出现。

那个人就是吴文藻。

吴文藻和冰心的爱情历程很简单，少了浪漫，多了温情。两个人相识之后，彼此都有好感，吴文藻主动给冰心写信，你来我往，渐生情愫。

才子佳人的爱情里往往少不了信笺，但是，与徐志摩、郁达夫的情意缠绵不同，吴文藻和冰心之间聊得更多的是读书心得。

大概过了一个多月，两人慢慢地熟悉起来。

在冰心看来，吴文藻就是那个她一直等待的人。只是，冰心的性格矜持而内敛，并没有立即表露出自己对他的情意。又或者，这是冰心的小聪明，她故意不透风声，是想通过时间来考验一下自己的心上人。

吴文藻是典型的书生，正直而不清高，平易而不世故。他生活非常简朴，读书却毫不吝啬，把公费生有限的钱都节省下来买书。因为冰心也爱好阅读，所以他在读书时，会把重要的内容标记出来，有时还会写上心得，然后再精心包好邮寄给冰心。那段时间，冰心常常收到邮件，她既开心，又由衷地感谢吴文藻的细心与细致。

爱情中常常会有一个契机，将心照不宣的相悦升华为浓情蜜意的相守，冰心和吴文藻之间也不例外。

一天，冰心所在的学校恰巧有一场中国留学生出演的戏剧，而她饰演的正是女主角。于是她写信给吴文藻，约他前来观看。那时，他们并不在一座城市，相距甚远，而且吴文藻的课程排得满，根本没有空闲。所以，在接到冰心的信之后，吴文藻短暂地犹豫了，出于对时间和费用的考虑，他还是写了一封婉拒的信。

冰心收到信之后略感失望，不过想到吴文藻的状况，她也表示理解，并没有非常介意。但是，当戏剧演出开始的时候，吴文藻神奇地出现在了观众席上，原来吴文藻越想越觉得懊恼，最终还是忍不住买了机票。

当爱情降临时，所有的顾虑都不再是顾虑，所有的阻碍都会败在真心之下。

冰心看到他时是很开心的，尽管面上没有表现出过多的热情，但她还是在戏剧演出结束之后，忍不住悄悄对他说了一句："这次你来看我，我很高兴。"

爱情最动人的就是这种欲说还休和心有灵犀，吴文藻能从平淡的话语中听出了冰心的心意，而冰心也能从这次意外的赴约中感受到了他的真情。

情愫在两人之间迅速升温，就像种子的破土和发芽，但他们并没有急着让爱情的小苗开花结果，而是谨慎地等待着、观察着，带着各自的心意回到了原来的位置。

相爱的人厮守连光阴都美了

1925 年，冰心决定利用暑期到康奈尔大学补习法语。这件事她未与任何人商量，所以，当她在补习班看到吴文藻的时候，那种不谋而合的惊喜真是难以言表。

正值暑假，大多数中国留学生都去度假了，冰心和吴文藻却如影随形，一起学习，一起领略大学的风光。地域拉近了他们之间的距离，也拉近了他们之间的心，水到渠成时，吴文藻向冰心表白了。

尽管冰心对他早就芳心暗许，可真的面对表白，她还是表现出了小女生的手足无措。她没有匆忙地给出答案，最初的甜蜜和惊喜过后，她很快冷静下来，开始考虑两人的未来。

恋爱中看重的是心意相通，婚姻中更看重的却是两人的性情和家庭背景。

冰心一宿未眠。隔日，两个人课后一起散步在校园里，冰心告诉吴文藻自己的决定："我思索了一夜，自己没有意见。但是我要得到父母的同意，才能最后定下来。"

吴文藻听到这样的回复当然是喜不自胜，就这样，两个年轻人陷入了热恋。暑期结束之后，冰心回到学校，整理衣物的时候，她看到吴文藻送给她的礼物，那是一支钢笔和一盒印着她名字首字母的信笺纸。

礼物虽然简单，但含义深远，她既欢喜又感动。

和当下那些私定终身、为爱扑火的女子不同，冰心虽然大方承认了自己对吴文藻的感情，但她始终还渴望着家人的许可。

三年时间过得很快，冰心也到了要回国的日子，应司徒雷登的邀请，她将在燕京大学任教。

这一天，冰心的父亲突然收到了吴文藻从美国寄回来的一封求婚信。这封信完全暴露了吴文藻书呆子的性情，他写道："令爱是一位新思想旧道德兼备的完人。她的恋爱与婚姻观，是藻所绝对同意的。我常觉得一个人，要是思想很彻底，感情很浓密，意志很坚强，爱情很专一，不轻易地爱一个人，如果爱了一个人，即永久不改变，这种人的爱，可称为不朽的爱了。她虽深信恋爱是个人的自由，却不肯贸然独断独行。她这般深谋远虑，承欢父母，人格活跃，感化及我……"

冰心的父亲并没有觉得吴文藻太过书生气，反而觉得他是个妥当之人。所以，他默许了女儿的恋情。

不久之后，吴文藻回国，也在燕京大学任教，和冰心成了同事。见面之初，他就迫不及待地把自己精心挑选的一枚钻石戒指送予冰心，但是冰心却笑着拒绝了，结婚不是小事，她还是想征得父母同意。于是，吴文藻赶去了上海，拜见冰心父母，这次的会面很愉快，在两位老人的首肯之下，他们顺利订婚了。

隔年，冰心嫁给了吴文藻，当时的主婚人正是燕京大学的校长司徒雷登。

就这样，他们开始了携手一生的幸福。

或许有人觉得两人并不相配，或许有人替冰心抱不平，或许有人唏嘘这段婚姻太平淡，但幸福是自己的事，谁的评断都不重要，冰心和吴文藻白头偕老，成就一段美妙的佳话，胜过许多寻常夫妇。

知心话

在世间，不是所有的爱情都等于完美匹配，也不是所有的爱情都等于轰轰烈烈，有时候，陪伴我们终生的不一定是最优秀、最浪漫、最多情的一位，而是最温情的细水流长。

刻骨铭心的爱当然令人心动，两情相悦之后的相濡以沫却更难得。

有多少感情，经历过风雨云雪，却无法承受平淡的磨合；有多少爱情，经受了聚散别离，却无法承受平淡的考验。时间将曾经的一见钟情冲淡，没了激情，没了心跳，有的也只是一日三餐的相对。

最好的爱应该像冰心和吴文藻，不在乎激情四射，却在意不离不弃的后来；不在意海枯石烂，却在意油盐酱醋的纷扰。

　　谁说荡气回肠才是幸福？最美的平凡也是。

萧 红：爱与被爱，只因寂寞

记得很久之前看过的一部电影，女二号从初中时喜欢上同班的男生，男生毫不客气地拒绝了。她没有放弃，当得知男生要去国外读书之后，她竟然藏在男生家里的衣柜里，通过托运的方式漂洋过海，只为追随自己的那份喜欢。

这个故事最后以悲剧收场。

是的，女孩的爱真挚而疯狂，但她却将爱与被爱的关系变成了欲望与控制，她注定求而不得。因为她误解了执着的意义，误解了爱的真谛，即使赌上了生命和全部，也活得卑微。

萧红就是这样一个为爱情低微到泥土之中，为爱痴狂的女子。

因为爱让人失去了分寸

年少的时候，我并不喜欢读萧红的书，总觉得字里行间中少了那么一丝温和，太过犀利，将这美好的世界描摹得锋芒毕现。但是，在我经历了爱情与婚姻之后，发现萧红的文字不是刻薄，而是赤裸裸的尖锐，刻薄与尖锐的区别就是：一个恶意，一个善意。

萧红性格独特，命运坎坷，但可惜她生不逢时。本来出身优越家境的她，如果柔顺一些，安分一些，她会是个富绰的太太，衣食无忧，至少不会是过着颠沛流离、乞讨的生活。

因为不满媒妁之言，不想嫁给父母指婚的汪恩甲，十几岁的萧红离家出走。她是为了追随在北平念大学的表哥陆哲舜，她对他倾心已久，殊不知，这份为爱执着的孤勇是她人生中所犯的第一个错。早有家室的陆哲舜是个极度自私的人，私奔之事传得沸沸扬扬，他顶不住压力，开始后悔与萧红的这段恋情，对萧红的态度也越加冷漠。最终，两个人不欢而散。

此时，萧红的未婚夫汪恩甲追到了北平，因为囊中羞涩，萧红不得不和他一同回家，这惹来了更多的流言蜚语。回去之后，她被父亲关在距离县城二十多公里的乡下庄园，还派人严密监视，不甘心的萧红再次伺机逃走。

逃出来的萧红四处碰壁，不仅没有什么亲戚肯收留，而且身无分文，无法继续学业，连生活也难以维持。这时候，萧红去找汪恩甲求助，她犯了人生的第二个错误，竟然和当初死活要解除婚姻关系的汪恩甲同居了。

这件事被汪恩甲的家人得知了，他们非常愤怒，强行将汪恩甲带回汪家，禁止他与萧红见面。萧红气不过，将汪恩甲的家人告上法庭，理由是汪兄代弟休妻，但是在法庭上，汪恩甲为了维护兄长而临阵倒戈，表示自愿离婚。

法院当场判他们离婚。这个结果令萧红愤怒，却也无计可施。更令人心酸的是，萧红没有落点之处，只能回到与汪恩甲同居的旅馆，而他们坐吃山空，在旅馆赊欠的食宿费已达四百多元。

汪恩甲声称回家取钱还债，这一走从此杳无音信。

一颗心早比爱先一步死去

　　汪恩甲失踪之后，只留萧红一人在旅馆，已经有五个多月身孕的她彻底陷入了绝境。走投无路之际，聪慧的她想到了求助，给报社写了一封信，这封信将萧军带进了她的生命里。

　　初初见面，两人就相谈甚欢，觉得找到了彼此的灵魂伴侣，萧军全力营救萧红于水火，而萧红也奋不顾身地爱上了萧军。她对萧军的迷恋，不只有感激，还有崇拜："当他爱我的时候，我没有一点力量，连眼睛都张不开。"

　　爱情是美好的，现实却是沉重而无奈的。两人身无分文，只能借住在裴馨园家，过得捉襟见肘，萧红甚至把刚出生的孩子都送人了，足见当时生活的窘迫。但是，借住终究不是办法，会引起别人的不满，于是，在一次萧军与裴家的争吵之后，两人无奈地搬出了裴家。

　　这下，他们失去了容身之所，也失去了每个月固定的二十元收入。两个人穷困潦倒，无家可归，境遇十分凄惨。直到几个月后，萧军才谋到一份当教师的工作，提供住处，两个人才算是有了栖息之地。

　　为爱而活的萧红并不觉得苦，因为有炽热的感情，她甘之如饴。在萧红的回忆中，"只要他在我身边，饿也不难忍了，肚痛也轻了"。

这样饥一顿饱一顿的日子慢慢磨灭着两个人的爱情，好在他们远走上海，得到了鲁迅先生的帮助，萧红逐渐在文坛上站稳脚跟。

他们的生活终于稳定下来，不再忧心衣食，但物质的改善却挽救不了爱情的磨灭。想到这，萧红每每为情所困，只能独咽凄酸。她有时徘徊街头，有时去鲁迅先生家，忧虑和苦闷让身体很差的她早早生了华发。

在最灿烂的瞬间毁灭

萧红在自己怀有身孕的时候，向萧军提出分手，分手的原因不是不爱了，而是爱得太痛苦。

但紧接着，萧红又做出一个仓促而错误的决定，在刚与萧军分手之后，她拖着身怀六甲的身子与端木蕻良同居，并举办了婚礼。

这是一场不被任何人祝福的婚礼。

尽管端木蕻良在文坛上已经小有名声，但很多圈内的朋友根本就不祝福他们，他的散漫、疏淡、大男子主义，完全不适合萧红。况且，端木蕻良的家人同样不认可这桩婚姻，他们又惊讶又惋惜，很难接受一个有复杂情感经历的孕妇做儿媳妇。

不得不说，萧红是个很有魅力的女人，就算没有美艳的容貌，没有贤惠的性子，她也能随心所欲地去爱，每次怀着孩子还能开始自己新的感情。但这也说明萧红是个感情至上的女人，不够成熟，也不够有担当。

萧红和端木蕻良结合之后，并没有收获想象中的幸福。经济上，他们并不窘迫，两个人都有固定稿费，而且端木蕻良还在大学任职教授。但是，他们的生活依然状况百出：萧红患上了严重的肺结核症，不得不持续就医；战火频发，端木蕻良撇下妻儿，独自离开重庆；萧红孤苦伶仃，一个人生下孩子。

正如所有人预料的那样，端木蕻良没有陪伴萧红到最后，这段婚姻潦草结束。

萧红去世的时候年仅三十一岁，这是多么年轻而鲜活的年纪，而她却如春花萎谢。

在她短暂的三十一年的人生里，最幸福的是祖父尚未去世时。此后，她走上反叛和流离的道路，在一段又一段感情中头破血流。她爱得真切，也伤得刻骨，算来算去还是因为自身，她勇敢却又不够理性，她大胆却又不够独立，她随性却又不够坚强，于是一次次将自己逼上悬崖峭壁，一次次看似获救却又是进入另一个深渊。

知心话

萧红一生都在为爱而燃烧，她每一次的付出都是那样不遗余力，每一次的伤害也都是那样刻骨铭心。敢爱敢恨是她的天赋和本能，也是她的致命伤，最终把她定格在那个本应灿烂绽放的年纪。

为爱付出没有错，她只是错在了不够爱自己。

一个不够爱自己的女人，只会吸引凉薄、无情、自私的人，带给自己伤害、冷漠和背叛。相反，当你真正地懂得珍爱自己、提升自己、呵护自己，才会收获同样质地的男子，同心共情，同舟共济。

萧红就像一支燃烧自我的蜡烛，妄图用她全部的光和热来吸引对方，来交换对方的怜与爱。事实上，女性最大的吸引力应该源自她本身，而不是源自付出，只有你足够好、足够优秀、足够地珍视自己，才不会在这段关系里患得患失，对方才不会弃如敝屣。

张爱玲：因为懂得，所以宽容

　　我们曾经都很容易被爱情打动，哪怕那场爱情自始至终就是一个错误，但是因为它很美，所以我们会心心念念，牵挂很久。只是，错误就是错误，所有的美感都只是云烟，而我们若被错误耽误得越久，就越容易迷失自我。

　　朋友从国外回来了，相见时只觉她成熟许多，性格变得沉闷，笑容变得牵强。为她接风洗尘时，三杯红酒之后，她泪眼婆娑地说起在异国他乡的那一段爱情，美好却没有结果。

　　因为知道不可能，所以忍痛斩情丝。看她笑了哭了爱了痛了，我亦感慨万分。我知道酒醒之后，她仍要一个人坚强上路。

很多女人都遇人不淑，身陷错爱，但不是每个女人都有这样的洒脱与坚定，都能这样全身而退，即便是才女张爱玲，她也曾一度在错误的爱情中挣扎。

千万人中遇见了想遇见的人

张爱玲和胡兰成的相遇就是一个错误，让她刻骨铭心，让她不可自拔，不过值得庆幸的是，她最终还是从错误中脱身。

错误的爱情往往有两个原因：一是出现在了错误的时间；一是遇到了错误的人，张爱玲属于后者。

和所有的爱情一样，张爱玲和胡兰成的相识也是美好而浪漫的，他因为一篇文章对她产生了好奇，而后见了她的照片，于是念念不忘，找上了报纸编辑，坚持要和她见面。

他们的相遇并没有赶上好时候，她正名满天下，青春韶华，他早已流连花丛，风流无数，有过婚史。他对她的好奇和追求，既有被文字惊艳的原因，也有一贯的才子多情。

　　为见到张爱玲，胡兰成费尽心思，亲自上门拜访，却吃了个闭门羹。他不仅没有退缩，反而更加来了兴趣，不依不饶地将一张写有自己电话和住址的纸条塞到了张爱玲家的门口。

　　这成就了他们的第一次相见。

　　张爱玲笔下写过很多凄美的爱情故事，但她本人却没有任何感情经历，对胡兰成，她很容易生出新奇之感。而胡兰成呢，看到张爱玲的那一刻觉得她不像个作家，而是像个未成熟的女学生，这使他诧异，兴味盎然。

　　他们有些一见如故的意思，初次见面，聊了五个小时，内容五花八门，从品评时下的流行作品，到问起张爱玲每月写稿的收入。对一个初次见面的小姐问这样的问题，实在是失礼的，但"因为相知，所以懂得"，两人已有了知交之感，所以张爱玲倒不觉得胡兰成的话唐突。

　　她是多么清高而冷傲的人，有时候说话甚至尖锐，但她轻易地包容了他的不礼貌。当一个女人不自觉地开始包容一个男人，这说明她至少对他怀着好感。

　　第二天，胡兰成就迫不及待地回访，两人有了第二次会面。在她的房间里，他为满眼的华贵感到不安，那一天，她穿了一件宝蓝绸袄裤，戴了嫩黄边框的眼镜。他记得深刻而清晰，多年后还念念不忘，在回忆录里一笔一画地勾勒出来，她就像白边牡丹，虽不倾城，气韵天成。

从此之后，他每天都去看张爱玲，两个人的关系迅速升温。一天，他向张爱玲提起刊登在《天地》上的照片，张爱玲便取出来送给他，还在后面题上几句话："见了他，她变得很低很低，低到尘埃里。但她心里是欢喜的，从尘埃里开出花来。"

字里行间，是一个女人婉转而深沉的爱慕。

天涯海角却剩我一人独行

张爱玲和胡兰成恋爱了。

他们像其他情侣一样亲密无间，不管是柴米油盐，还是琴棋书画，都那么合拍，但他们却无法像其他情侣一样，得到大家的祝福。胡兰成年长太多，而且身份复杂，张爱玲却是一个青春正好的文学天才，他配不了她，外人只觉得惋惜。

但是，张爱玲却不以为然，她深深地陷在爱情之中。

坦白说，张爱玲的文字里有着对爱情的大彻大悟，但在现实生活中，张爱玲在很多时候还懵懂如幼童。她和胡兰成的关系是不对等的，一个是风月老手，游刃有余；一个是情窦初开，全心全意。

1944 年底，时局动荡，胡兰成离开上海到了武汉。即使是避难，他依旧劣性不改，很快和一个年仅十七岁的小护士谈婚论嫁，完全把张爱玲抛在脑后了。他甚至还打算享齐人之美，一边瞒着张爱玲，只字不提离婚，一边想让小护士做妾，在武汉举办了一场婚礼。

他将张爱玲付给他的一片真心糟蹋得干干净净。

远在上海的张爱玲对此一无所知，她依然书信不断，有自己的生活近况，有绵绵不尽的担忧和相思，更有千叮咛万嘱咐，她甚至贴心地给他寄来生活费，那是她辛苦写作换来的稿酬。

情深如此，换来的却是胡兰成的背叛。

一年之后，胡兰成从武汉回到上海，回到张爱玲的身边。在相处的一个多月里，胡兰成坦白了自己纳妾之事，但他没有丝毫内疚或是不安，言语间很自得，似乎这是一种魅力的证明。他以为张爱玲不会介意，她怎么会不介意？任何一个真心爱过的女人都会介意。一开始，她是震惊的，她不是不知道胡兰成的处处留情，但她以为他们两人之间是特别的，好比文君相如，彼此都真诚以待，没想到他本性难改。

张爱玲的心被刺伤了，但她仍是那个为他低到尘埃里的女子，于是她选择默默承受这突如其来的背叛，期望以自己对他的"懂得"，换回他对自己的珍惜。

1945 年初，日本投降，胡兰成逃到了浙江，化名张嘉仪，住在诸暨斯家。

胡兰成和斯家的儿子斯颂德是高中同窗，他年轻的时候就曾在斯家客居一年。在这里，胡兰成与斯家的庶母、大他两岁的范秀美又勾搭在一起，此时的张爱玲还一个人独在上海，惦念着他的安危。

或许是不放心胡兰成，半年未曾见面的张爱玲，一路寻来到了温州。

出生锦绣的张家小姐，年少成名的天才，眼高于顶的女作家，张爱玲从来没有经历过这样的颠沛流离，吃过这样的苦。从上海到温州，长途漫漫，枯燥而吵闹，她坐在拥挤的火车，一心想着去投奔她的爱情。

可是，胡兰成并不欢迎她的到来。他不仅没有小别胜新婚的欣喜，反而态度冷淡，言词闪烁，他甚至不避讳自己和范美秀的暧昧。在温州的短短数日，就是张爱玲由希望走向失望的历程，而压垮骆驼的最后一根稻草，其实是一件小事。

在张爱玲为范美秀作画时，她骤然发现对方与胡兰成竟然有夫妻相，这让她感到心灰意冷，整个人凄然颓靡起来，当然这幅画也就不了了之。

或许这就是女人的第六感，她知道，他们的感情已经到了尽头。

张爱玲一个人离开了温州，那天下着雨，应景应情。雨冲刷着眼前的一切，似乎也在冲刷着他们那场不被人看好的"倾城之恋"。

既已分手，不必相思。

时隔两年后，她给胡兰成寄去了诀别信，并随信附上了自己的三十万元稿费。我们不得不感叹张爱玲的骄傲，在当时来说三十万元绝不是个小数目，她毫不犹豫地给了，给得决绝，也给得大气。不管是真放下了，还是欺瞒自己，反正她对这个男人真正地做到了问心无愧，爱过，善待过，如今连分手也这么慷慨。

你看，以前我不曾亏欠你，现在我也愿大方的放手。

在爱的时候，忠贞而纯真，在不爱的时候，决然而骄傲，这就是张爱玲，一个用文字惊艳了我们，用人生惊艳了时光的女子。

知心话

　　如果犯了错误，我们都知道要反省自责，吃一堑长一智，认真吸取教训。但是在爱情中，我们却往往失去了这份聪明和理性，一次跌倒，百次爬不起来。就好比我们爱上一个浪子，受了伤害之后却还会选择原谅，相信他口口声声的道歉，相信他会改正，结果却是换来新一轮的伤害。

　　错误的爱情就要及时修正，或者舍弃。

　　有些女人遇到了一个错误的男人，陷入了一段错误的爱情，她不会抽身而退，反而越陷越深，备受折磨，最后赔上自己。

　　错误的就是错误的，哪怕它再美再动人，也依然藏着毒，坚持错误的爱情就好比活在白日梦里一样。我们能够做的就是结束它，不管放弃的时候有多疼，不管心里有多不舍，都要挥剑斩情丝，只有走出来才会发现，原来曾经令我们痛苦不堪的爱情就是生命中的病，及时治疗，及时痊愈。

陆小曼：世界上最动人的爱情不是长相厮守，而是念念不忘

　　茗蕙是众人眼中的幸福女人，不仅人长得漂亮，而且还嫁得漂亮，老公家世好，会赚钱，对茗蕙更是一往情深。茗蕙跳槽到新公司后，因为路程远，中午不能回家休息，她老公就在新公司附近买了一套房子，送给爱妻。

　　大家都羡慕不已，可茗蕙不以为然。这段婚姻是由家里做主安排的，她内心始终还藏着初恋的影子，一掷千金的豪爽和体贴入微的呵护也比不过记忆里的白月光。

　　她看不到身边的美满，满心只有一个虚幻的身影。

　　在对的时间，遇见对的人，是一种幸福；在对的时间，遇见错的人，是一种悲伤；在错的时间，遇见对

的人，是一声叹息；在错的时间，遇见错的人，是一种无奈。

看着茗蕙，我脑海里却映出另一个女子——陆小曼。她和徐志摩之间，谈不上对错，却夹杂着幸福、悲伤、叹息与无奈。

在最美的年华里遇见你

提到陆小曼，或许有人讥讽，有些不屑，有些惋惜，有些爱慕，也有人为之倾倒。事实上，如果将民国比作一出眼花缭乱的大戏，那些才子佳人各个都算角儿，而陆小曼更是其中的佼佼者，风华绝代。

她美艳，她骄傲，她任性，她聪慧，她随心所欲，她从小就是"皇后"，但她终究只是个女子，逃不掉情爱的蛊惑和伤害。

陆小曼很美，如画如诗，是北平一道不可磨灭的风景；陆小曼很有才情，能写诗，书画也不逊色，钢琴和舞蹈同样出色，曾经在外交部声名大振。可惜她过于挥霍自己的美丽，就像一闪而过的烟花，自己不珍惜，别人自然也不珍惜。

陆小曼早早就进入了婚姻的牢笼，比起海外留学、从事建筑设计的林徽因，陆小曼比较缺乏主见。她学习琴棋书画，那是因为家里的要求；她嫁做人妇，那是因为父母的安排。

从一个光芒四射的名媛大小姐，到一个美丽而无趣的官太太，这都不是陆小曼自己的选择。

陆家精心挑选的女婿并不差劲，王庚年少有为，家境良好，前途无量，配十九岁的陆小曼刚刚好。况且这个青年军官对陆小曼真心不错，不仅宠溺她，而且在花销上毫不吝啬，唯一的不足就是他公务太繁忙，没有那么多的时间陪伴娇妻。

如果陆小曼甘心做一个阔太太，那她的生活会很顺遂，歌舞升平，衣香鬓影。可是她并不甘心，她想要的是爱和激情，但王庚性格木讷而繁忙，既不会甜言蜜语，又不会时时陪伴在身边，她越来越不满。

结婚三年，王庚被任命为哈尔滨警察局局长，陆小曼作为家属也跟着去了，但自小娇养的她怎么会习惯天气寒冷、经济落后的哈尔滨？她一个人回到北平，夫妻间开始了分居生活。

本来就不和谐的婚姻生活，这下雪上加霜，两人的感情更加淡漠了。就在这时，徐志摩出现了，因为陆小曼总嚷嚷着要王庚陪自己出门，而王庚总是推托，他专注于工作和前途，便一个劲儿地让她和朋友走动，这其中就有徐志摩。

接下来便是一段人尽皆知的爱情故事，一个是貌美如花的名媛，一个是风流倜傥的诗人，他们越走越近。

徐志摩生性多情，风度翩翩，温柔如护花者，哪个女人不动心呢？况且他还是个名声在外的诗人，他写给她的那些信件，火热而情深，轻易地融化了她的芳心。而陆小曼才貌双全，丝毫不输给林徽因，而且还多了几分娇滴滴，多了几分明艳，适时地安慰了失恋的徐志摩。

他们四处游玩，相处的时间越来越久，彼此的爱慕也越来越深。

陆小曼顶着巨大的压力离了婚，而后嫁进徐家。

几乎没有人祝福他们，徐志摩的老师梁启超，甚至当众出声斥责，更别提徐志摩的父母，他们压根就不承认这个新儿媳。

谁都知道，徐志摩之前有过一段婚姻，张幼仪是因为媒妁之言、父母之命嫁进徐家，他不喜欢，但他父母喜

真正的优雅·经得起岁月

欢，当成女儿似的。比起贤惠内敛的张幼仪，陆小曼在公婆眼里简直一无是处：她结过婚；她身体不好，三五不时的就嚷嚷头疼；她娇气，常常对徐志摩使小性子；她让徐志摩吃自己剩下的饭；她喜欢叫人来家里打麻将。

婚姻有时候并不是两个人的事，而是两个家庭的事。

这对新婚夫妇很快就搬出去另住，但并没有解决问题。为了表达对儿媳的不满，为了逼迫儿子回家，徐志摩的父母干脆和他们断了来往，也断了经济补助。

就这样，二十三岁的陆小曼开始了她的第二段婚姻，带着数不清的隐患和问题。

繁华落尽只余雾冷笙箫

都说贫贱夫妻百事哀，陆小曼和徐志摩的婚姻很快就摇摇欲坠。

文人都是清高的，赏着春花秋月，写着风花雪月，从来不会考虑任何的现实问题。徐志摩家境富裕，在此之前，一直有父母的资助，他本人也有工作，从来不缺钱。但现在他要供养一个小家庭，而且他的太太还是个挥金如土的性子，父母生气之下又中断了经济资助，渐渐地，他感到了吃力。

陆小曼是大手大脚惯了的，日常就是打牌、出门闲逛、约人看戏，这哪一样不要钱呢？她的衣食又都是精细的，徐志摩也不愿意委屈了她，况且她身体不好，为了减轻病痛，她开始抽鸦片。于是他只能不停地写稿，同时兼任两份教师工作，换取生活费。

在日复一日的柴米油盐里，两人的感情渐渐有了罅隙了。

徐志摩希望陆小曼能跟随他一起去北京，避免他两地奔波的辛苦；而陆小曼已经是名满上海的美妇人，沉迷于各种交际圈与风月场，出尽风头，不肯离开。为此，两人争执了无数次。

如果说陆小曼是一朵风情摇曳的红玫瑰，让徐志摩念念不忘，那么，生活已经将她磨灭成一抹蚊子血。

诗人都是敏感而脆弱的，婚前的陆小曼美艳而灵气，诗意而活泼，而现在却越发地懒惰与贪玩，再也不是理想中的缪斯女神，他苦闷而失望。徐志摩只能一次次地劝说陆小曼，让她少抽一点鸦片，让她多运动，让她和自己回北京。

陆小曼并不理解他的苦口婆心，或许她理解，但她不愿配合。她生来就是掌上明珠，人人宠爱，根本不需要看人脸色，压根不想委屈自己。她就是那样一个娇气而任性的小女人，她仗着他的爱，在他面前理直气壮作威作福。

　　是的，徐志摩只能忍耐。一方面他确实爱她，即使她因为唱戏、抽鸦片，和别人传出绯闻，他依然信任她，帮她解释；另一方面，他除了忍耐，也没有其他选择，说到底他就是一个心智尚未成熟的大男孩，一味地追求着爱情，当爱情和他想象中有差别时，他根本不知道怎么处理。

　　在这种情形下，徐志摩毫不意外地选择了逃避。就像当初和陆小曼热恋，来逃避林徽因为什么不接受他，现在他又和林徽因来往密切，试图来逃避这段失败的婚姻。他并不是要干涉林徽因的婚姻，在他心里或许是这样想的：林徽因才是那个真正的缪斯女神。

　　他不知道，他看到的只是对方的一面，而另一面他不知情，就像陆小曼在恋爱时也有美好的一面。

　　徐志摩死于一场空难，据说，他当时是要赶去听林徽因的讲座，而他登机前还与陆小曼吵了一架。

在生命的最后一刻，谁也不知道他心里想着什么，是那场再也无法赴约的讲座，还是身边那卷始终携带的陆小曼的亲笔画？但愿他已经明白过来，白月光再好，只是因为得不到，身上的饭黏子再可恶，那才是陪我们朝夕相对的生活。

在徐志摩遇难之后，张扬成性的陆小曼反而沉默了。她默默地承受着外界对她的批评和指责，一身素缟，终身未嫁，致力于整理徐志摩的遗作，如同她写给徐志摩的挽联："多少前尘成噩梦，五载哀欢，匆匆永诀，天道复奚论，欲死未能因母老；万千别恨向谁言，一身愁病，渺渺离魂，人间应不久，遗文编就答君心。"

从甜蜜相依到激情褪去，从你侬我侬到阴阳两隔，徐志摩和陆小曼是真爱，也是错爱。早知是不可挽回的悲剧，当初还不如各自安好，相忘于江湖，她依然是衣食无忧的官太太，他还是风度翩翩的多情诗人，两不相误。

知心话

在爱情里，时间和对象都讲究天时地利人和，有时候，那个人不是不好，你不是不心动，但注定是伤害，何必还要飞蛾赴火？

他或许会带来刻骨铭心的爱情，或许会带来两情相悦的欢喜，但是，你不能迷失，也不能昏了头脑。发乎情，止乎礼，这才是最好的状态。

不是只有相守才叫爱情，不是只有众叛亲离的孤勇才叫爱情，不是只有轰轰烈烈的浪漫才叫爱情。王庚难道不爱陆小曼吗？张幼仪难道不爱徐志摩吗？非要像他们一样，搅得天翻地覆，恨不得全世界知晓，那才是爱？

可这种爱，最后也毁灭于柴米油盐的生活。

既然得不到的才是最好的，在身边的都是被忽视的，那么，不如让那些得不到的爱就藏在心里，别再蠢蠢欲动，别再去试错，别再把红玫瑰变成蚊子血。

唐　瑛：成全爱情，不如成全自己

都说做女人难，最难的却是在爱情或婚姻中成全自己，而不是做对方的影子。

我曾遇到过一个职业模特，她从大学时就开始走T台，毕业之后顺理成章地进了圈子，成为知名的模特，数次登上国际时装周的秀台。

漂亮、时尚、特立独行、光芒四射，这都是贴在她身上的标签。

不过，她在工作两年后就嫁了人，次年生下了第一个宝宝，为了专心照顾孩子，她只能辞了工作。好不容易等孩子大了，她又怀上了第二胎，此后，她的事业彻底荒废了，所有时间和精力都被两个孩子完全占据。有一次，我们难得约出来，见面时，我几乎没认出她：头发蓬乱，脸色蜡黄，身材臃肿，穿着一件宽松的运动服，素着脸，看上去就像一个中年妇女。

她满不在乎地笑了笑："没办法，为了这个家嘛，我现在带孩子，哪有时间打扮，再说我也不经常出门。"

是吗？一个女人结了婚、有了孩子，就应该蓬头垢面吗？就应该放弃事业和私人空间？就应该任凭家庭差遣，最后等着被嫌弃？

有时候，成全自己，才会更好地成全了爱情和婚姻。

韶光如梦看惯了世间风月

民国时期的美人很多，不能不提唐瑛，她的故事里不只有爱情，还有自我。

提起唐瑛，大家或许并不陌生，"南唐北陆"的名声响遍全国，她是与陆小曼并称的美人。唐瑛到底有多美？她的容貌是按照中国标准美人的模子所生，鹅蛋脸、柳叶眉、双凤眼、樱桃嘴，再加上浑然天成的气韵和优雅迷人的风姿，她整个人就像是画中走出来的贵族仕女。

除了容貌脱俗，唐瑛的家世和才情同样出色。

唐瑛出生于上海，父亲唐乃安是中国第一个留学的西医，不仅开了诊所，而且还有自己的药厂，经济雄厚，行医之余还热心学术以及社会活动。他和好友共同发起创办了中华医学会，名声在外。唐瑛的母亲则是个大家闺秀，毕业于金陵女子大学，与著名的教育家吴贻芳女士是同学，是经过新文化、新思想熏陶的新女性。

在这种家庭氛围的熏陶下，唐瑛也是知书达理，才情颇高，她除了能够熟练地讲英语、弹钢琴和跳舞之外，还非常擅长昆曲和演戏。

值得一提的是，唐瑛对穿衣搭配很有心得。她是个非常时髦的大小姐，眼光独树一帜，爱打扮，也很会打扮，我们如今追捧的香奈儿、迪奥等品牌，她那时候就已经是狂热的粉丝了。除了穿，唐瑛对吃也非常讲究，不仅仅是对食物有要求，而且对于吃饭的礼仪更是讲究，比如她坚持食不言，在吃饭的时候，她绝对不会讲话。

活得精致，活得迷人，唐瑛就是这样一个对自己有着高要求的女子。

身处繁华世间心在牡丹庭园

美人身边总会有很多的追求者，唐瑛也不例外。在上海，她被称为第一名媛，不管是政界新贵、商场精英，还是世家公子，他们纷纷拜倒在唐瑛的石榴裙下，至今还让人津津乐道，比如杨杏佛、宋子文、李祖法、容显麟等。

杨杏佛身为孙中山的秘书，在当时还是颇有些影响力，他对唐瑛一见钟情，此后念念不忘。说到底，这就是一场暗恋，窈窕淑女，君子好逑，杨杏佛和唐瑛并没有亲密的相处或接触，他单方面地托人上唐家说亲。

唐瑛的家人直接拒绝了，理由是唐瑛早就订过婚了，实际上唐瑛当时并没有与谁订婚，这只是个委婉的借口。唐瑛的父亲不满意杨杏佛的职业，他不想与政治沾边，乱世当中，安稳难得，他希望女儿平平安安。

杨杏佛的求婚就这么失败了，落花有意，流水无情，唐瑛默认了父亲的决定。

其实，职业并不重要，最重要的是唐瑛不曾对他动过心。同样是政界才俊，宋子文的待遇就和他截然不同。

宋子文对唐瑛也是一见钟情，这么柔美、典雅而相貌标致的女子怎不让人倾心？他立刻开始了猛烈的追求，因为他和唐家的儿子唐腴庐自幼是好友，而且还一同留学过，所以他还多了个穿针引线的媒人，和唐瑛多少有了见面机会。

唐瑛的父亲还是不同意，宋子文就开始疯狂地给唐瑛写情书，满含深情。对于家教严格的唐瑛来说，这样直白而炽热的情书就像一阵暖风，慢慢催开了她的芳心。就在两人的关系渐入佳境时，唐腴庐被刺客误认为是宋子文而被杀，唐家痛失爱子，宋子文满心愧疚，他们的情愫也就不了了之。

经此一事，唐父更加确信自己的女儿不能嫁给任何涉足政治的人，于是，他为唐瑛物色了豪门大少李祖法。李祖法虽然是从法国留学归来的，职业却是工程师，骨子里传统而守旧，是个能过日子的伴侣。

做父亲的总想为女儿好，但他忘了，唐瑛性格外向，开朗活泼，并不适合沉默内向的女婿。他们彼此不适应，尤其是李祖法，不善交际的他根本不能理解唐瑛为什么忙于各种交际，昆曲、演戏、歌舞，每每身后有一大批追随其后的粉丝。他不习惯唐瑛在外面的招摇，也不习惯唐瑛频繁出现在报纸头版头条上，他们截然不同的生活方式注定了最后的分开。所以，在他们的儿子六岁时，两个人和

真正的优雅，经得起岁月

平分手。

其实不难看出，这段婚姻结束的原因很大程度上在于唐瑛的坚持，如果她懦弱一点、退让一点、委屈一点，或许他们就是一对美满的豪门夫妇。很多女人也正是这么想的，才会不惜牺牲自己，成全家庭，但唐瑛不肯，她依然要做光彩照人的自己。

只要做好自己，成全自己，就算离婚又怎样呢，好比唐瑛，她根本不缺追求者。在李祖法之后，容显麟出现了。

容显麟性格外向大方，爱好广泛，他与唐瑛一拍即合，两人默契十足，相识一年之后就在新加坡成婚。

两人最终成就一段佳话，白头到老，唐瑛为他生下了四个孩子。但是她始终没有因此而放弃自己的爱好，放弃自己的事业，谁说女人不能兼顾自己和家庭呢？她的每个孩子都生活得很幸福，丈夫也终生宠爱。

时刻成全自己，才能成全爱情以及美满的婚姻。

知心话

在人生的旅途中，没有一个人能够自始至终地陪伴我们，爱情也是，唯一能够陪伴我们终生的，只有我们自己。

　　所以，女人要更爱自己一点。爱自己，才会有人爱；爱自己，才会免孤苦；爱自己，才会得幸福。

　　想想看，我们为家庭放弃了工作，为丈夫放弃了交际，为孩子放弃了私人空间，是的，我们维持了婚姻的和睦，但这种和睦真的是牢靠的吗？它只是靠一时的牺牲换来的，隐患重重。当丈夫嫌弃我们黄脸婆，当家庭出现矛盾，当孩子开始长大离家，我们该何去何从呢？我们的意义又在哪里？

　　不爱自己不是放纵，不是自私，不是肆无忌惮，而是要我们在生活中多一份自信，多一些勇气，多一份对自己的呵护，这样才能更好地面对未知的明天和命运。

吕碧城：遍历人世沧桑，依旧从容淡定

我的邻居小温一直都是"别人家的孩子"，她勤奋、懂事、乖巧、聪明，什么都好，从小到大，她就是整个胡同的学习标兵："你怎么这么笨，你看看人家小温……"

这两年不一样了，谁也没想到，小温竟然成了家长口中的反例："你可别学小温，她都多大年纪了，还不交男友""趁着还年轻，赶紧结婚，别挑来挑去，你看小温，现在还单着呢。"

其实小温毕业后进了一家上市公司，一路直升，事业发展得很好，但因为她至今单身，同龄的姑娘早就结婚生子，周围的七大姑八大姨就坐不住了，议论纷纷，更是拿

她教育家里的孩子。

小温无奈地向我诉苦："我有一颗吕碧城的心，却活在俗气的现实中。"

人生要怎样的辗转才能留住她

对于很多大龄女青年来说，吕碧城无疑是她们的偶像，活得潇洒，也活得独来独往。她一生未婚，也没有乱七八糟的罗曼史，但她不在乎任何流言蜚语，比谁都自在。

吕碧城的出身还算不错，至少家里有钱，然而因为父亲早逝、弟弟年幼，她和母亲守着丰厚的财产如履薄冰。家族中的长辈如虎似狼，一个个都觊觎家财，不惜欺凌孤儿寡母。

年幼的吕碧城早早见识了人的贪婪和冷漠，见识了这个社会的世态炎凉。

为了反抗族人，十来岁的吕碧城孤身跑去向异地的舅舅求助，最后，在官方的介入之下，母女两人终于保住家产。但是，事情闹大了，吕碧城的大胆和泼辣传了出去，大家议论纷纷，姑娘家的名声被损了。让人意想不到的是，因为流言，原先和吕碧城定亲的汪家提出退婚了！

那个时候的婚姻大都是媒妁之言、父母之命，两家很早就定下亲事，等到一定的年纪再迎娶，中间难免会有意外发生。但大家还是很看重婚约，除非是情况特殊，退婚的情况还是比较少见的，很多姑娘甚至在男方过世之后，还坚持守寡。

一个女儿家被定亲的男方单方面地毁了婚约，这是很损脸面的事，必然遭人非议。吕碧城的母亲伤心欲绝，几次要找汪家理论，反倒是吕碧城更坦然，安慰母亲，并做出搬家的决定，要换个新地方，开始新生活。

就这样，她们离开安徽老家，投奔了当时还在塘沽任职的舅舅。

在塘沽舅舅家，吕碧城度过了七年快乐无忧的时光。转眼间，她也长成了大姑娘，知书识礼，深得舅舅的疼爱。就在舅舅决定为她寻个好人家的时候，吕碧城做了一件"出格"的事。

她不想嫁人，也不想和舅舅一样循规蹈矩，于是，她暗地联系一位要去天津的官太太，想要随行，去寻找深造的机会和更广阔的天空。这让舅舅大为恼火，毕竟还是封建社会，女孩子外出就学简直就是天方夜谭。

尽管舅舅不支持，吕碧城仍然不死心，她偷偷地一个人到了车站，离家出走。

这时的她身无分文，连一张车票都买不起。这时候，命运之神终于眷顾了她，她结识了天津"佛照楼"的老板娘，对方给她买了车票，还给她提供了到天津之后的落脚地。

到了天津，吕碧城就给曾相识的一位方太太写信，而这位方太太的丈夫就是《大公报》的总经理英敛之。英敛之看到了吕碧城的信，惊艳于她的才情和胆识，主动让她进了大公报，就这样，吕碧城有了属于自己的一份工作。

凭借着出色的写作能力，吕碧城迅速在天津成名，不仅得到英敛之的赏识，更与秋瑾成为好友。她们俩之间还有一个有趣的插曲，秋瑾在早年时，曾以"碧城"为笔名写过文章，认识吕碧城之后，秋瑾却表示此生不再用这个笔名，她说"碧城"这个名字永远属于吕碧城。

因为名声在外，有不少好事者议论吕碧城的感情问题，关于她和英敛之的流言传得沸沸扬扬。对吕碧城来说，英敛之是英雄识英雄的伯乐，是救她于困境的恩人，也是她亦师亦友的知己，但他们之间发乎情止乎礼，从未曾越矩半分。

情感要经历怎样的洗涤才能成全她

吕碧城最为人知的一段绯色新闻，就是和袁克文的来往。

京城四公子都追求过吕碧城，包括杨云史、费增蔚等，尤其以袁克文最为瞩目。他是袁世凯的儿子，家世雄厚，本人也风度翩翩，才华横溢，为他倾倒的姑娘不计其数，但这并不包括吕碧城。

面对这位贵公子的示好，她笑着调侃道，"袁家公子哥儿，只适合在欢场中偎红依翠。"的确，袁克文风流倜傥，琴棋书画都精通，性情又好，是万里挑一的才俊，吕碧城未必不动心。但她更清楚的是，才子易得，有情人难遇，她要的不是欢场中的露水姻缘。

在爱情这件事上，她比谁都清醒。吕碧城曾经语出惊人："包办婚姻要好过于自由恋爱。"因为包办婚姻不幸福那是要归咎于父母，如果自由恋爱结果婚姻不幸，那就除了委屈还有懊恼了，这当然是个调侃，但这也说明她在爱情中强于旁人的自尊和苛刻。

每每被问到为什么迟迟不谈婚论嫁，吕碧城说：我看上的男子，梁任公，已经早有妻室；汪季新年纪太轻；汪荣宝尚是不错，却也已有佳偶相伴；张蔷公虽才学德厚，无奈已经是年届不惑。

她和其他女人不一样，别人等着被男人挑选，她则是挑选男人。

吕碧城的老师严复曾这样评价她："心高气傲，举所见男女无一当其意者……比平常士夫，虽四五十亦多不及之者……此人年纪虽小，见解却高。"

这话不假，心高气傲的吕碧城把所有时间和精力都用在了事业上。借助《大公报》和英敛之的帮助，她在天津立足，结识了大批妇女运动的领袖人物，影响不凡。在1907年秋瑾遇难之后，吕碧城用英文写了《革命女侠秋瑾传》，发表在国外的报刊上，在海外引起了颇大反响。两年后，年仅二十三岁的吕碧城任职北京女子师范学堂的校长，我们熟知的邓颖超、刘清扬、许广平等新女性都曾聆听过她的授课。

不仅如此，1912年，袁世凯登上民国总统宝座后，吕碧城出任总统府机要秘书与参政一职，风头一时无两。不过，在她看到袁世凯政府的腐败和黑暗之后，就毅然离职，转身南下。

吕碧城还很会挣钱，她凭借聪慧的头脑参与了一些商

真正的优雅，经得起岁月

业买卖，为自己积攒了大量的财富。所以，尽管她孤身一人，但她衣食无忧，还数次出国留学，漫游欧美。

在民国众多的奇女子中，吕碧城没有浪漫的爱情，也没有美满的婚姻，但她依然那么夺目。她的独立、她的潇洒、她的自我坚持，在脂粉群里独树一帜，她用自己的一生告诉更多女性，爱情也好，婚姻也罢，并不是一个人一生中最重要的东西，有，锦上添花；没有，也一样安然度日。

知心话

现在剩女很多，但剩女如吕碧城却少见了。

有人被逼着去相亲，有人被催着赶着结了婚，有人被稀里糊涂地凑成对。原因有很多，父母的压力、精神的苦闷、偶尔的脆弱、旁人的眼光等等。

然而，任何时候都不要因为压力而将就，不要因为压力而茫然，也不要因为压力而委屈自己。没有爱情和婚姻，我们照样可以过得很好，相反，如果为了结婚而结婚，那对我们的人生才是一次彻底的摧毁。

婚姻不是凑合，爱情需要随缘、要做剩女，就要像吕碧城一样，骄傲地抬起头，在找到良配之前，做自己，做喜欢做的任何事。

不盲从，不摇摆，不随波逐流，这是吕碧城的态度，也应该是我们的信条。

真正的优雅·经得起岁月

林徽因：你若盛开，清风自来

提到民国女子，脑子里第一个出现的就是美貌与才华并重的林徽因。喜爱她的人，欣赏她的文字，迷恋她传奇的人生经历；而不喜欢她的人，往往非议她谜一般的情史，更不屑她清高自赏的性格。

一个人确实无法做到让所有人都喜欢，但争议正意味着难得，那些无人能说清的是非，恰恰验证了林徽因的精彩和不平凡。

我从内心里欣赏林徽因，她是真正的明白人，无论坦途或坎坷，无论风雨或晴天，她始终知道自己要什么、做什么。

做自己想做的事，造自己喜欢的梦，这是她的勇敢，也是很多人的懦弱。

很多人认识林徽因得益于那段复杂的多角恋，她是徐志摩求而不得的白月光，她是金岳霖念念不忘的四月天，她是梁思成呵护备至的掌中宝。其实，她的聪明和优秀不需要靠男人来证明，她能理性地拒绝一个诗人的求爱，因为她知道徐志摩喜欢的只是他自己幻化中的恋人；她能在婚后仍旧从事自己喜爱的工作，不顾小姑和朋友的误解，因为她坚持自己的梦想。

这才是真实的林徽因，她清醒地认识情感，也清醒地认识自己，不纠结，不糊涂。

自始至终未忘初心

林徽因到底爱着谁？

这是困惑很多人的难题，也是注定没有答案的谜。

一个是浪漫多情的徐志摩，不管身边陪着谁，心里始终为她留着一份柔软；一个是君子如玉的梁思成，与她携手一生，相守一世，不离不弃不相疑；一个是金岳霖，用陪伴诉说最长情的告白。

因为风花雪月的迷人，林徽因自身的才情和魅力反而被忽视了。其实，爱恨纠缠，很大程度上都是后人的添枝加叶，过度解读和有色眼光让很多人不能静下心来看一看真实的林徽因。

如果拨开那些绯色的迷雾，林徽因其实是个不错的诗人，她的文字唯美而暖心；她还是一个出色的建筑师，造诣颇高，在建筑研究和设计上成就斐然。

以爱情来评断林徽因，实在太小家子气，也太不公平。林徽因从来就不是为爱而生的女子，可以说，不是徐志摩、金岳霖和梁思成成就了她的传奇，而是她自己成就了自己，没有这三个男人，她依然是传奇。

很多人将她与陆小曼相比，诚然她们都是美人，她们都文采斐然，但陆小曼远远比不上林徽因的独立和才智。她的精神、她的爱好、她的事业、她的爱情，甚至她的婚姻，都是独立而自主的，不依附任何人，只听从自己的心。

林徽因在十六岁时就受一位女建筑设计师的影响，对建筑设计充满了好奇和喜爱，也是从那时候起，她决定投身建筑事业，做自己喜爱的工作。

这个决定从不曾撼动过，始终如初。

如今，世人提到她，都冠以"梁太太"的头衔，默认她从事建筑事业只是夫唱妇随而已，殊不知，她的热爱和毅力丝毫不输给梁思成。

他们确定恋爱关系后，梁思成的父亲出资让他俩出国学习，当时的梁思成其实还茫然着，没有确认自己的学习方向，他只是觉得应该走出国门看看。这时候的林徽因却已经打定主意学习建筑设计，所以，她非常"霸道"地提出让梁思成出国之后也选择建筑设计。梁思成一开始还想着子承父业，在西方多学习政治经济等，回国也像父亲一样在政治上有所建树，但因为林徽因对建筑的热爱和推荐，他发现建筑学是一件非常有趣的事情，继而爱上它，两人真正地做到了志同道合。

可以毫不夸张地说，是林徽因影响并成就了梁思成，他后来成为建筑领域的大家，享誉国内外，和她当初的循循善诱脱不了关系。

都说女人要比男人早熟而多智，那林徽因无疑是其中的佼佼者。

在确定自己要从事建筑设计之后，林徽因也不是没有遇到挫折。她到了美国，发现建筑系不招女学生，于是梁思成成功地进入了名校就读，而她却只能抱憾。但她并没有妥协，而是来了一招曲线救国，先是在美术系读书，然后选修了建筑学的全部课程。

尽管和梁思成相比，她付出的精力更多，也更累，但她始终不曾停下追梦的脚步。她全身心地投入到课业中，最终以优异的成绩成为了当时的课程助教，专业丝毫不输给梁思成。

柔软的菟丝子才会孜孜以求的攀附大树，一株热烈的玫瑰却会独立地盛开与萎谢，带着自己的锋芒和美丽。

林徽因不是为了爱情而牺牲一切的女人，相反，她会为了自己的理想而牺牲爱情。或许她对徐志摩不是没有好感，对金岳霖也不是没有动心，但她知道自己最想要的是什么，举案齐眉的婚姻、琴瑟和谐的事业，这些不是一时的浪漫和激情能取代的。

她做了选择，所以必然会有舍弃，尽管艰难，但不曾犹豫。

留学生涯结束后，林徽因与梁思成归国，同时就职于东北大学，创建建筑系，从此在这个舞台上大放异彩。她设计了东北大学的校徽图案，一举成为中国建筑学上年轻有为的教授；她为保护奈良古建筑奔走；她主持设计了八宝山革命公墓的主体建筑格局；她为了保住北平的老城墙，不惜和市长拍案叫板；她不顾及自己身体孱弱而长期在外工作，为此身患重疾。

那些为建筑事业所付出的牺牲和血泪，在岁月长河里渐渐淹没，甚至不为人知。如果论建筑研究的成绩，她并不比梁思成逊色，但她从不曾开口辩解，也不曾宣扬功绩，她只是默默地做自己的事，绽放自己的光华，仿佛深谷幽兰，有香有色也有风骨。

芳菲宛若四月天

梁思成曾经这样评价爱妻："林徽因是个很特别的人，她的才华是多方面的，不管是文学、艺术、建筑，乃至哲学她都有很深的修养。"

金岳霖写给这位红颜知己的挽联也不吝赞美："一身诗意千寻瀑，万古人间四月天。"

林徽因在文学上的才华不容置疑，她是早期新月派的重要成员，写得一手好诗，否则眼高于顶的徐志摩也不会为她倾倒。

提到她，就不能不提那个著名的"太太的客厅"。

林徽因性格开朗外放，喜欢清谈，常常叫上三五好友来家里聚会。那可不是闲来无事扯些家长里短的太太们，而是很多志同道合的文豪和才子，谈文学、说艺术、读诗辩论，高谈阔论，名流云集，如朱光潜、沈从文、巴金、萧乾等等。

谈笑有鸿儒，往来无白丁，这就是当时梁家客厅的写照。

即使在座的都是文坛名流，林徽因依然是最耀眼的那个，她风趣的谈吐与敏捷的思维格外出众，举手投足都糅杂着才气和灵气，引得众人仰慕。梁思成晚年曾经坦诚，他在林徽因面前始终是仰望的姿态，因为她太多聪慧，他有时候甚至跟不上。

尽管林徽因在文学上"述而不作"，留下来的著作比较少。但是，我们依然能够从她那些零散的作品里窥见才情，从散文、诗歌到剧本、书信，她的著作大都是风格清雅，诗意盎然。

"我说你是人间的四月天 / 笑响点亮了四面风 / 轻灵在春的光艳中交舞着变"这首《你是人间四月天》广为人知，写的是一位母亲对儿子的期许与宠爱，字里行间都是春天的气息，爱意如同新开的迎春花，明媚而温暖。

林徽因写过一篇与徐志摩相关的文章，《悼志摩》，文字凄切，悲痛感人。

"……这以后许多思念你的日子，怕要全是昏暗的苦楚，不会有一点点光明……志摩的人格里最精华的是他对人的同情，和蔼，优容。志摩的最动人的特点，是他那不可信的纯净的天真……比我们对万物都更有信仰，对神，对人，对灵，对自然，对艺术！"没有情爱的依依不舍，没有小女人的哭哭啼啼，有的是惺惺相惜和伯牙子期的遗憾。

如果将女人比作水，有的温柔如泉眼，有的暴烈如瀑布，有的安宁如溪流。而林徽因既有温和的一面，就像她笔下的文字，就像泛着涟漪的湖，但她也有波澜壮阔的一面，就像她骨子里的韧性，就像宽广的江。

或许，很多人不知道，她积极参与新中国国徽的设计时，正与病魔纠缠；她参与完成了人民英雄纪念碑的设计时，肺病已经越来越严重；她同梁思成主持保护首都北京古建筑文化遗产的各项活动时，其实是拖着病体。同样，为了传统工艺景泰蓝的存留与发展，她甚至不顾自己重病在身，带着学生奔走呼号，陈词中的赤诚之心令人深切，令人动容。

即使是在生命的最后，她依然顽强，坚守在自己的工作岗位上。

可叹世人只见珍珠光华，不见砂砾。

民国从不缺乏才貌双全的女子，她们为爱轻狂，为爱痴狂，她们的人生像是一个故事。但林徽因不同，她的人生是一本书，书中不只有爱情，还有她为之付出一生的事业。

知心话

爱情，无论多么热烈迟早会平淡，只有理想永远在高歌，所以女人不必把爱情当作人生的重心，相反要多些心思在自己的事业和兴趣上。

爱情，会美化一个女人，而事业才会真正成就一个女人。

哪怕你不会被所有人喜欢，哪怕你周围遍布着有色眼光，但请你做到最好的自己，做到自己爱自己。就像林徽因，有人喜欢她，有人不喜欢她，但是她从不在意别人，她只在意自己是否遵循内心，是否按照自己的意愿而活。

当你有事业、有自我、有能力，别人是打不倒你的。

否则，即使你一味地以别人的眼光为标准，一味地唯唯诺诺，一味地瞻前顾后，那你依然得不到尊重，活得无趣而无奈。你要花更多的时间去思考自己真正想要什么，去走最适合自己的那条路，去完善自己，直到，变成另一个林徽因。

活得更忠实于自我，才会有更好的人生。

于凤至：学会放手，涅槃重生

很多时候，婚姻就像一把大大的枷锁，锁住了在婚姻里付出最多的那个人。

于是，她们挣不开，逃不脱，只能困在其中，越陷越深。

为什么不打破牢笼呢？当真心得不到回报，当付出得不到珍惜，当恩爱被葬送，何不潇洒抽身呢？每当遇见这样的女人，我都想告诉她们于凤至的故事。

于凤至倾其所有地帮助张学良，对他的各种风流史也睁一只眼闭一只眼，她的容忍和退让的确换来了婚姻的安稳，但那只是暂时的，她最后还是得到一纸离婚书。

婚姻是一场修行的路

于凤至和张学良的婚姻，是典型的媒妁之言、父母之命。

这桩婚姻，一开始就是失衡的。于凤至看中他翩翩少年郎，愿意嫁，张学良却自由放荡惯了，不愿意娶。就像张学良一直称呼于凤至为大姐，在他们的相处中，他始终是被照顾的那个人，而于凤至则是付出的。

于凤至哪里不好呢？她家世好，相貌出众，受过教育，能写会画，而且心地善良，性格和善，和婆婆形同母女，就连公公张作霖都对她高看一眼。据说于凤至年幼时，曾经有算命先生给她算卦，称赞她有"凤命"，一时有很多人来上门求娶，张作霖也是因为这个原因，对她格外满意。他平时脾气不好，发起脾气没有人敢上前，但是于凤至轻柔一劝，他马上就消气。

就是这么一个近乎完美的女子，偏偏得不到张学良的喜爱，这当然不是于凤至的错，原因在张学良，他就是个流连花丛的浪子，多情如花蝴蝶，不会为谁停留。即便当时张学良娶的是赵四小姐，他也不会安心在家，仍会风花雪月。

张学良不会对任何女人忠贞，但每个女人却都妄想留住他，于凤至也不例外。她幻想着用自己的方式赢回张学良的心，于是对他的花天酒地充耳不闻，对他的莺莺燕燕视若无睹，替他张罗家务，养育儿女，对上有敬，对下有威。

张学良的情妇很多，露水姻缘更多，但并没有一个能抵得上于凤至的分量，更别提替代于凤至在张府的地位。她花了全部心血，牢牢地守着张夫人这个头衔。

即使赵四小姐，她也比不上于凤至，不管是张学良本人，还是张家上下，真正的女主人始终只有一个。

张学良爱于凤至吗？大概爱吧，敬重大过恩爱。张学良爱赵四小姐吗？大概也是爱的，逢场作戏大过真心。即使是后来她陪了他半生，即使是这段爱情被传得轰轰烈烈，在张学良心里，她始终只是个红颜，比不得于凤至这个正室，她们的婚姻也是政治所迫，否则他压根没想过娶她，他认可的夫人只有于凤至。

这算是于凤至的胜利吧，用了一生的时间，即使没有爱，也获得了尊重。

刹那的停留转身既天涯

西安事变后，张学良被软禁了。从那时起，于凤至一路陪伴着张学良，度过了四年辗转流迁的生活。因为条件恶劣，于凤至染上重病，在张学良的要求下，她赴美求医，将照顾衣食起居的任务交给了赵四小姐。

这一走就是五十年，她和张学良天人永隔，再不曾见面。

于凤至当时患的是乳腺癌，到达美国后，她在宋美龄的帮助下入住了美国的医院。一开始，她为了保持身材而采取保守治疗，最终还是不得不切除乳房。

手术很顺利，但于凤至却身心俱疲。身在异国他乡，她就像一片落叶，随风飘荡，无处落脚，内心深处始终惦记着自己的丈夫。

哪怕张学良常年在狱中，归期未定，于凤至却没有一刻放下他。病愈后，她留在美国，想到将来的生活，想到张学良出狱后的境况，她开始走上创业之路。不得不说，于凤至是个很特别的女人，也是个很能干的女人，换作赵四小姐或张学良其他的红颜知己，这种情况下只怕是花容失色哭哭啼啼，但她却头脑冷静，执行力惊人，为自己和张学良谋好了后路。

　　就这样，凭借着精明的头脑和家传的经商经验，于凤至很快就在美国站住脚，从身无分文到了资产丰厚、事业有成，她甚至还给自己和张学良买了栋豪宅，打算用来养老。但是，这时的于凤至却接到了来自台湾的一封书信，是张学良写给她的，内容是要和她离婚。

　　这对她来说，不啻晴天霹雳。

　　于凤至的第一反应就是拒绝。虽然她与张学良一别五十年，未曾相见；虽然当初让赵四小姐陪伴在张学良身边是自己的主意；虽然她知道张学良身边韵事不断，但她依然想牢牢抓住张夫人的头衔，这是她的底线，她不会舍弃自己的婚姻，即便这场婚姻从一开始就千疮百孔。

　　但是，当她得知这是出于政治需要，当她考虑到张学良漫漫无期的囚禁生涯，当她担忧丈夫的生命安全，她还是忍痛答应了离婚，选择成全张学良和赵四小姐。

　　选择成全也是一种勇气，要知道，在美国她拥有多幢别墅，其中就有一个按照他们当年结婚时所布置。在内心深处，她还是希望能与张学良相逢，只是，离婚不久后，年事已高的于凤至就离开了人世，带着深深的遗憾。

　　这一生，她爱他懂他帮他，无怨无悔。

知心话

很多女人在婚姻里一味地退让，因为委屈能换来理解，可是男人往往并不会领情，只会得寸进尺。

所以，女人不要觉得自己的付出是大爱，是无私，是抛砖引玉。不是的，你只会感动你自己，在旁观者的眼中，这样没有原则与底线的退让是毫无尊严，是不爱自己的一种表现。而当一个女人连自己都不爱了，又指望谁能爱她？

哪有什么委曲求全？不过是爱得太卑微，幸福的婚姻是相敬如宾，不幸的婚姻是你退一尺，我进三丈。可以称赞某一个女人为了婚姻、为了孩子的忍辱负重，你却不能鼓励这样的婚姻观。

不要觉得牺牲了自己来维护婚姻有多么伟大，女人不需要这样悲壮的隐忍，婚姻和爱情从来都是平等的，否则还不如放手。

盛爱颐：生活不只有眼前的爱情，还有诗和远方

利字当前，亲人反目。电视里总能看到这种撕破脸的家庭矛盾，比如遗产分配，兄弟姐妹之间往往小则动嘴，大则动手，让人啼笑皆非。

平民百姓尚且如此，更不用说豪门争产。这不仅让我想到盛爱颐，这个娇滴滴的千金大小姐在自己的利益受到侵害时，毫不犹豫地站出来，与之反抗到底。

其实，盛爱颐不仅在为人处世上果敢利落，在爱情方面也同样决绝，拿得起放得下。爱的时候，可以为爱疯狂；如果被辜负，就会不再有任何留念，挥剑斩情丝，绝对不回头。

她就是这么一个有个性的女人，不拖泥带水，不扭捏作态，跌倒了也保持优雅。

所谓情深不过是忘记时光

民国时期，在上海有两个很出名的七小姐，一个是孙宝琦家的七小姐孙用蕃（张爱玲的后母），另一个就是上海滩最大资本家盛宣怀的女儿盛爱颐。这两位都是出自名门的闺秀，风姿卓绝。

盛爱颐容貌清秀，才情出众，最喜爱作诗。因为家世的原因，她性格开朗，交际能力很强，小小年纪就出入各类社交场合，待人接物都面面俱到，谦和有礼，胸襟和风度不是一般闺秀可比的。

传奇的女子往往伴随着一段传奇的爱情故事，在盛爱颐的爱情故事里，男主角是宋子文。就是那赫赫有名的宋家的长子，就是宋家三姐妹的胞兄，就是那能文能武的青年才俊，然而，这样的宋子文在盛爱颐面前，却只能仰望。

初次相识，盛爱颐十六岁，宋子文亦是翩翩少年郎，博学多才、风流倜傥，身边不乏爱慕者，他却对盛爱颐情有独钟。盛家的女儿岂是那么容易求娶的？那是真正的豪门，富可敌国，根基深厚，宋家比起来就像后起的暴发户。所以，宋子文根本没入盛家的眼，两人的恋情遭到反对。

两人都还年轻，爱得真挚而热烈。为了能够见盛爱颐一面，宋子文不惜拼命，堵在她必经的路上，拦住她的汽车；为了能够和盛爱颐相守，宋子文拿着船票去找盛爱颐，恳求她跟随自己一起去广州，因为那时他要去追随姐夫孙中山。

因为父母的反对，盛爱颐并没有答应，况且，她一个骄傲的名门闺秀，怎么能背着私奔的名义过一辈子呢。左右为难之后，盛爱颐送给宋子文一把金叶子，她说：你走吧，我等你。

这既是信物，也是路费。

盛爱颐期望他功成名就后再来找寻自己，但宋子文没能领会，他去了广州，两年后就成为炙手可热的政界新贵，很快就结婚生子。

再见时也是在上海，盛爱颐单身一人，而宋子文却拖家带口。

盛爱颐的自尊和骄傲不允许她低头，但她内心是难过而委屈的，她已经三十岁，一直未嫁，可惜对方却没有守着承诺。她大病一场，之后仓促地嫁给了母亲的内侄庄铸九。

从那之后，她只字不提宋子文。

只有一次，她的侄子被抓了，家里人忙着走动关系，她打电话给当时已经是民国财政部长的宋子文，仍然是不情不愿的，碍于家里人的托付。她言语冷淡，反倒是宋子文接到电话后喜出望外，一口答应帮她办妥。

有人曾经好奇地追问她和宋子文的往事，盛爱颐伶牙俐齿地反问：说起来，他那把金叶子还没有还给我呢。

他位高权重，美人在怀，她也不甘示弱，不愿在他面前低头。

美人是一道被人仰望的风景

盛爱颐的骄傲和决然是与生俱来的，不只是面对爱情，她在任何时候都无所畏惧。

每个豪门都有些遗产之争，盛家也不例外。盛爱颐的母亲过世之后，为了分到自己应得的那一份遗产，盛爱颐就将哥哥告上了法庭。

在当时，这可是绝无仅有的事，哪有出嫁的女子来争家产？哪有妹妹告哥哥？盛爱颐顿时站在舆论的风口浪尖，众人议论纷纷。

原来，盛夫人过世后留下一部分财产，按照盛家的规矩，应当是一分为二，由盛家五房子孙分得一半，另一半归在盛氏义庄。为了这笔丰厚的财产，盛家子孙已经闹到了法庭上，希望法院能把财产都判给大家平分。这时候，身为盛家的女儿盛爱颐不满了，既然能够平分，为什么没有她的份额呢？她也是正儿八经的盛家子孙。但是，盛爱颐的几个哥哥哪肯把遗产分给她呢，这意味着又要多几个姐妹来瓜分家产，所以他们直接拒绝了。

盛爱颐读过书，学过新文化、新思想开放，自然懂得为自己而战，她一纸将几位哥哥告上法庭。消息一出，立刻引起轩然大波。

民国时虽然打着男女平等的旗号，政府法律条文上明确了女子也有继承权，但真正实行起来还是很难的。谁家会真正地把财产分给一个已经出嫁的女儿呢？在当时，这可是第一起关于女权的官司，它引起的轰动也是空前的。

由此看来，盛爱颐的胆识和气概真的是丝毫不输男子。

官司打了一个月，法院的判决书上白纸黑字写着盛爱颐胜诉，能够分得遗产的一部分。在所有人的瞩目下，盛爱颐打赢了官司，拿到了自己应有的份额，虽然付出了时间和高额的律师费，虽然流言四起，但她真正做到了面不改色，坚持己见。

谁说女人都是柔软如花，娇滴滴地惧怕风雨呢？盛爱颐就是一朵有刺的玫瑰，虽然美丽，却也懂得自爱、自保。

知心话

女人，不必因为没有国色天香而烦恼，也不必因为没有窈窕身段而郁闷，更不必因为没有雄厚家世而自卑。要知道时间的强大，再美丽的容颜也经不起岁月的打磨，再窈窕的身姿也经不起岁月的凌迟，再雄厚的家财也经不起岁月的挥霍。真正无法被打败和摧残的，是一颗强大的心，是自信，是优雅，是笑对眼前苟且的从容，是相信远方有诗的底气。

女人应该柔中有刚，就像骨子里是水，心中却滋养出花，如此才可以在纷扰的尘世里安然度过，不被物扰，不被人惊。

朱　安：尘缘尽时，善待自己

最近，好友的婚姻出现了问题，她老公出轨了，她大闹了一场，又愤怒又伤心。可是提到离婚，她又有些犹豫，那么多年的感情说扔就扔吗？再说了，她凭什么要让出这个位置？既然她过得不好，那她也不让那两个人好过。

我拉着她出门散心，去的刚好就是她偶像鲁迅先生的故里。

南来北往的乌篷船，沿着水波从东巷划到西岸，岸边或是繁华的街市，或是沉寂的深宅大院。她心情大好，喋喋不休地讲着她的报复计划："我就不相信了，我要是不离婚，那女的还能一直没名没分的跟着他？""我偏不离，看谁笑到最后。"

我哑然失笑，给她讲了鲁迅和朱安的故事。世人都只怪鲁迅薄情，没有善待这个原配，有谁知道他早早地对她说清了，做不了夫妻，只能做兄妹，他甚至愿意为她准备嫁妆。可朱安是个死心眼，宁愿用一生的时间和他耗，结果白白耽误了自己。

等不到良人的乌篷船

倒退一百多年，绍兴城没有这么繁华，不过来往的乌篷船依然热闹，这里的女子就好像河面上的乌篷船一样，等待着自己的船客。

然而，朱安这一生都没有等到自己的船客，

她等着鲁迅，而鲁迅从来就不是她的良人；她陪着周老太太，而周老太太仙去，她余生都是孤苦伶仃。所以，她就成了一条永远都等不到过客的船，满载着委屈、孤独和守候，从绍兴城的河埠头一直划到北京城的八道湾。

在那个特殊的年代，她就像一团不起眼的暗影，困在周家的院落里，躲在鲁迅这个名字的背后，生前默默，死后无名，连光明正大站在他身边的机会和资格都没有。

朱安的爱情就是一出悲剧，男主角从来都不愿出场。

他们的订婚就带着勉强。朱安是个待字闺中的老姑娘，而周老太太看中了她还算殷实的家底，双方一拍即合，瞒着鲁迅定下婚事。事后，鲁迅是不肯的，几次三番写信，要求解除婚约；而朱安却是欢喜的，她知道自己要嫁给一个读书人。

他们的结婚就像一场闹剧。周老太太假装重病，写信骗儿子回家，鲁迅得知真相后勃然大怒，但婚礼已经无可挽回。这是1906年农历六月初六，朱安坐着花轿进了周家大门，她知道丈夫接受过新教育，不喜欢缠脚，于是她穿了一双塞了棉花的大鞋。但她下轿时出了意外，那只大鞋掉下来，大家都看到了她的"三寸金莲"，哄然大笑。

结婚当晚，鲁迅睡在书房，第二天他就离开了家。

朱安虽然难过，但心里踏实了，因为她好歹嫁到周家，做了周家儿媳妇。尽管丈夫冷待她，她还是信心满满，试图用自己的贤惠打动他。于是，她留在绍兴老家，兢兢业业地打理家务，勤勤恳恳地照顾老小，这使得周老太太非常满意，两人相依相靠，情同母女。

因为想抱孙子，周老太太也好几次催促鲁迅回家，每一次，朱安都抱着莫大的希望和安慰，但每一次又都落空了。鲁迅压根就不承认这门包办的婚姻，他回家不过是探望一下母亲，与朱安从无只字片语的交流。

鲁迅回国后，在绍兴城教学，离家明明很近，近得触手可及，他却和朱安形同陌生人，甚至还没有对待陌生人的那种谦和与包容。

朱安和鲁迅在同一个屋檐下生活了一年，两人的关系没有任何改变，她走不进鲁迅的世界，也敲不开鲁迅紧闭的心门。这时，鲁迅又走了，北上教书，一去就是七年。

换做现代女性，遇到这样的婚姻都会忍无可忍地丢一句"离婚"，人生短暂，有情人难得，我们何必要耗在这段没有感情、甚至连交流都没有的婚姻里？冷暴力是最可怕的，没有身体的痛楚，却有精神上的折磨。

但是朱安不明白这些，她是在封建思想"妇德"的精神约束下长大的，并不觉得这有什么，甚至反思自己到底做了哪一点令"大先生"不满意。她一心一意地守着、等着、期盼着，操持家务，侍奉婆婆，目的就是希望鲁迅能够接纳她。

1919 年，一直生活在绍兴的朱安，与周家人一起长途跋涉搬到了北京城，从河埠头到了八道湾，她彻底地远离了故土。虽然不舍，但她也有小小的窃喜，因为这样她就能与鲁迅生活在一起了。

到了北京，她的境遇没有丝毫变化，依然是全心全意地侍奉婆婆，无微不至地照顾鲁迅的衣食起居。可是，鲁迅的目光依然不会落在她身上，他劝她嫁人，不愿再耽误她。

她怎么会接受呢？她做了那么多的努力，她愿意继续付出更多的努力。

她像一只蜗牛，在鲁迅身后慢慢地爬着，鲁迅迈上一步，或许她就要爬上一年，这样的速度根本跟不上鲁迅的脚步。然而，即使是这种漫长的追逐，他也不再给她机会，因为他身边出现了许广平。

每一寸时光都要亲历

许广平的出现打碎了朱安自嫁到周家以来的梦，她眼睁睁看着对方拿走周太太的头衔；看着对方和鲁迅离开居住的胡同，组织一个小家；看着他们渐行渐远的背影，沉默着。

此后，她的日子过得像是白水一样。安静的院子里住着两位老妇人，一位垂暮，一位毫无生机。或许，那时候空中飞过一群鸽子所发出的声响，就是这个院子最热闹的时刻了。

当南京传来许广平怀孕的消息时，朱安还是表现出了她的委屈和愤怒，她向相依为命的婆婆倾诉着自己的委屈，但是，抱孙心切的婆婆这一次却没有和她站在一起。此时此刻，朱安更孤单了，以前还有婆婆相伴，然而这一刻，她只能自己为自己叫屈。

但是她依然走不出这个院子，走不出之前编织的梦。在痛苦之后，朱安还是选择了忍耐，她开始像爱鲁迅那样去爱那个未出世的孩子，在她看来，那个孩子是鲁迅的，就是她的，她有义务和责任来照顾他。

爱到深处无怨尤，我们可以说朱安固执，但谁也不能小瞧了这固执。她后来对周海婴的喜爱和无微不至的照顾，不是每个女人都能做到的。

其实很多时候，我们都是朱安，我们不明白，为什么自己付出的感情得不到相应的回报？为什么自己付出的努力收不回对等的馈赠？我们觉得自己被辜负了，殊不知，我们在对方眼里一直就是麻烦、累赘和甩不掉的尾巴，我们的感情和付出在对方眼里或许没有任何意义，因为我们从头到尾就给错了对象。

得不到的时候就放手，追不到的时候就回头。

就像是朱安，她善良地侍奉了婆婆一辈子，她带着一个梦嫁到周家，又带着一个破碎的梦离开人世。她只是自己感动了自己，自己和自己较劲了一辈子，在别人眼里，这是痛苦而备受折磨的一辈子。

她的坚韧用错了地方，她的深情给错了人。

朱安说过，自己只有一个愿望，就是死后能够埋在大先生身边。然而，1947 年 6 月 29 日凌晨，朱安在孤独中去世了，身边没有一个人，死后墓地设在西直门外保福寺处，没有墓碑，也没有和鲁迅合葬。

她以为用一生的浪费，能换来怜悯，事实上却没有。

❀·

知心话

永远不要做第二个朱安。

如果对方不爱你，就让一切结束吧，无论多么留恋，无论多么不舍，你永远不要试着勉强，因为强扭的瓜不甜。

再长的时间也不会打动一颗冷漠的心，再多的付出也不会软化一颗冷漠的心，再久的陪伴也不会温暖一颗冷漠的心，因为不爱就是不爱，他既然无情，你何必还纠缠？女人的青春尤其珍贵，为什么要白白浪费在一个不爱你的人身上？他再好、再优秀、再迷人，可他不爱你，不属于你，你强求也无用。

抬头往前走吧，继续纠缠只会让别人看笑话。

再见，曾经选错的人；直面，重拾勇气的自己；等待，那个总会遇到的正确的人。

许广平：从容是岁月最好的馈赠

　　初恋是美好的替代词，因为它真诚而脆弱，因为它迷人而短暂，因为它难得而稍纵即逝。当人们怀念初恋，其实是怀念纯洁天真的自己，和那些带着遗憾的回忆。

　　许广平的初恋就是美好而遗憾的，相比于和鲁迅那段温情脉脉的婚姻，她在最好的年纪，也曾经轰轰烈烈地爱过，一生一次。

有些经历此生必定路过

　　说到许广平，大家首先想到的是鲁迅，的确，正是这位名满天下的文学战士成就了她，让她从默默无闻的女大学生摇身一变，成为陪伴月亮左右的星光，虽然不显眼，却也得到了所有人的关注。但是，在遇到鲁迅之前，许广平还有一段鲜为人知的爱恋，对方只是一个普通得没有人知道他生卒年月的人，但他却给了她刻骨铭心的欢喜和悲痛。

　　许广平出生在广州的一个士大夫家庭，尚在襁褓中，就被父亲许配给当地富商的儿子。许广平慢慢长大，她从别人那里听到一些流言，那家人的名声很不好，而且她的未婚夫是个纨绔子弟，她开始反对这门包办的婚姻。但是，她拗不过父亲，一个不想所嫁非人，一个坚持履行婚约，于是，这亲事就一直拖着。

　　几年之后，许广平的父亲病逝，男方开始逼婚。许广平极力反抗，她求助于从北京回家奔丧的二哥，所幸二哥也不太满意这门婚姻，所以，他支持妹妹的悔婚。丧事之后，许广平就在哥哥的帮助下投奔了天津的姑妈，姑妈支持并收留了她。

真正的优雅·经得起岁月

1917 年，许广平进入天津直隶第一女子师范学校，1922 年从天津女师毕业。为了继续深造，翌年，她又考入国立北京女子高等师范学校，入国文系学习。

这时的许广平在一个偶然场合，遇到了一位同乡的学子，他就是李小辉。

李小辉与许广平算起来还是远房亲戚，两个人一见如故，相聊甚欢。李小辉原本打算赴法国留学，结果滞留北京时耽误了考期，所以，只能在北京大学就读，这才造就了两人相识的缘分。

这是一个清瘦白净的小伙子，棱角分明，斯文有礼，他让身在异乡的许广平有一种很特别的亲切感。接下来的故事就和所有的初恋一样，春风吹来，心花怒放，情愫如同枝蔓慢慢地生长。许广平欣赏李小辉的才华，李小辉也喜欢许广平的落落大方，爱情自然而然地发生了。他们开始走进彼此的世界，只要是有闲暇，两人就会黏在一起，一起读书，一起探讨文章，一起游玩。

李小辉把许广平照顾得很好，那种无微不至的呵护就像一场温柔的春雨，许广平沉溺其中，平凡的日子因此而变得流光溢彩。

千帆过尽只觅一叶小舟

初恋总是那么浪漫、美好。有了身边的恋人，北京这座城市也显得格外生动可爱了。不管是景色宜人、万物复苏的春天，枝繁叶茂、凉风阵阵的夏天，还是天高云阔、大雁南飞的深秋，白雪皑皑、寒风凛冽的冬天，他们嬉闹的足迹到处可见。

美丽的并不是景色，而是和恋人相爱相守的记忆。

可惜世间好物不坚牢，初恋往往难以长久，而许广平的初恋更是脆弱，就像一朵被风雨摧残的花，还不及结果。

这一年的除夕夜，许广平参加同乐会的时候感觉到身体不适，喉咙阵痛，她并没有当作什么要紧的事。第二天去了朋友常瑞麟所在的医专，在学校医务室进行了简单的诊病。当时，医生觉得许广平就是扁桃体发炎，仅仅给她开了一些普通的消炎药。就这样，许广平暂时就在常瑞麟家休息。但是事态越发严重起来，吃了消炎药的许广平不仅没有好转，反而开始高烧，连日不退，常瑞麟连忙将她送到医院。

经过医生仔细诊断，许广平是患了猩红热。当时的医

真正的优雅，经得起岁月

疗条件落后，这种传染病又来势汹涌，一旦医治不及时就会威胁生命。此时的许广平已经连日发烧，身体状况很不乐观。李小辉得知她的病情后，急得像热锅上的蚂蚁，焦虑心疼，坐卧不安。他丝毫不顾这是传染病，往医院跑得很勤，只要是下了课他就会去探望许广平，坐在她的病床前，握着她的手，陪伴她，鼓励她。打水、喂饭、洗衣服，这些琐事他都包揽了，为了逗她开心，原本不善言辞的他还特意学了一些笑话。

在他的悉心照顾下，许广平从死亡线上爬了回来，病情渐渐有了好转，人慢慢精神了起来。

这时，左等右盼的她却迟迟都看不到李小辉的熟悉身影。她第一时间追问探病的同学，对方却支支吾吾。又过了几日，还是不见心上人的身影，许广平心里有了不好的预感，她托人去四下打听情况，结果却一无所获。

等身体刚有好转时，许广平便急着去找李小辉，亲戚朋友都劝阻她，声称李小辉没什么大碍。最后拗不过她，只好说实话，"小辉也患病了，等你全好了再去看他吧。"许广平同意了，她盘算着等自己痊愈了，一定马上去看望李小辉，到时候或许该考虑两人的婚事了。做了决定的许广平内心平静下来，踏踏实实地养病，期待着两个人的康复相聚。

日子一天天过去，许广平的身体逐渐康复，就在她翘首盼着和李小辉的见面时，常瑞麟的一个妹妹不小心说漏了嘴。原来，照顾完许广平的李小辉，到家之后发现自己被染上了同样的病，因为救治不及时，他在重病几日之后，就带着深深的遗憾离开了这个世界。

听到这样的噩耗，许广平悲痛欲绝，生无可恋。谁能料到，朝夕相对的恋人竟然突然过世，而且还是被自己传染了恶疾。想到李小辉的细心照顾，想到往日的情投意合，许广平心中的悲恸难以抚平。

斯人已去，独留回忆，美好的初恋就这样悲剧收场，离开人世的李小辉，就像一道伤疤，永远地留在了许广平的心头。

好在时间会抹平一切，许广平慢慢从伤痛中走出来，而后遇到了鲁迅。

她特别珍惜得来不易的爱情，她在婚姻里无私奉献，她把自己缩小了，甘愿在鲁迅背后。正是那段美丽而凄美的初恋，教会了她珍惜，教会了她坚强，教会了她为爱付出。

每一段认真的感情都是一堂课，都是一次必经的历练，教会我们更好地走下去。

知心话

初恋的美好就在于遗憾，因为有遗憾，才想着去弥补；因为有遗憾，才渴望能重来；因为有遗憾；才不甘心。

其实，盯着以前的遗憾，很可能造就现在的遗憾，与其想着没有成功的初恋，不如更好地经营现在的感情。

初恋再美好也不过是一段记忆，我们在平淡的日子里无趣了、闲了、闷了，就会想起初恋的好，试图找回它，但它只存在于过去，和现在格格不入。哪怕再续前缘，那些甜蜜也不会重现。其实不单单是初恋，所有结束了的爱情就让它结束吧，不要再幻想着把曾经的爱情找回来。我们要做的是，带着上一段感情学会的教训，将下一段感情修成正果。

董竹君：心若坚强，花自绽放

《世纪人生》热播的时候，我再一次了解到董竹君。一个女人能在事业上取得斐然的成绩，不再依附男人，而是与他平起平坐，这是让人羡慕和追捧的。

原来，女人也能不被婚姻拘禁，也能独立自主，只要她足够的坚韧与强大，一样可以开疆拓土，成就自己的王国。

命运不该是别人手中摆弄的棋

董竹君很美，可是这份美却成了负担，小小年纪就被送去青楼卖唱。

她很受追捧。容貌清丽，嗓音妙曼，加上性格冷淡，在纷纷扰扰的青楼，董竹君就像一株清风香露的芙蓉，惹人怜爱，也惹人觊觎。

那时，她真的很希望有人能带她离开风月场。

她越来越恐惧时间，因为一旦长大就要接客，她不甘心堕落风尘，但又没有能力为自己赎身。况且，她那样的容貌，青楼的老鸨是断然不会轻易放她走。这时候，夏之时的出现就像久旱时突然下起了雨，一切都是那么及时。

夏之时要从青楼带走董竹君，他怜惜她的遭遇，也喜爱她的美丽，而董竹君对这位英俊潇洒的革命家也是一见倾心。但是，她却拒绝夏之时为她赎身的想法，骨子里傲气而倔强的她觉得，如果被夏之时赎了身，便是他买了她，日后总归是低夏之时一截。

所以，董竹君自己想办法逃出了青楼。不仅如此，她还与夏之时约法三章：

一、不做小老婆；

二、要同夏之时一起留学日本；

三、将来夏之时从事革命，她负责料理家务。

夏之时答应得很痛快。不久，他们就按照计划去日本留学、结婚、生子，俨然是一段郎才女貌的佳话。

可是好景不长，在董竹君一连生下四个女儿之后，她和重男轻女的夏之时在孩子们的教育问题上发生争执，并且越闹越僵。更重要的是，她和他的家庭格格不入，她一个好强的平民女儿，怎么融入得了等级观念森严的官宦家庭？

她要求离婚，却遭到夏之时反对。无奈之下，董竹君带着四个女儿逃离了这个家。

如果是换作其他女人，或许故事就要到此结束了，在大家眼里，一个离了婚、带着孩子的单身女人能干什么呢？无非是辛辛苦苦养家，沦落成黄脸婆。但是董竹君不一样，她坚韧而倔强，勤恳而不认输，在低谷中照样闯出了一番天地。

走失迷途亦可再寻出路

董竹君心里很清楚，自己带着四个孩子在乱世中是步履维艰，夏之时几次三番劝她回家，可她不肯屈服，再大的困难也咬牙忍着。

其实，在这之前董竹君也曾在家乡成都经营过生意，那是一家黄包车公司和一家织袜厂，最后都不了了之。到这次并没有打消她的积极性，这次，她还是动了创业的心思，只是，如今的她背井离乡，每一步都走得更加艰难。

刚开始，董竹君办了一家小规模的群益纱管厂，历经艰辛，甚至远赴菲律宾谈股资，可天不遂人愿，战争爆发，纱管厂被战火毁灭，一切付出都付诸流水。雪上加霜的是，在这个时候，她的母亲去世，父亲又病重。

很多女人都喜欢自艾自怜，哀叹自己生不逢时，抱怨工作不顺心，嫌弃男朋友没本事等等。她们觉得那都是天大的事，哭哭啼啼，其实那不过是一些零七八碎的小事，真正的苦难是冲刷了生活的暴雨，是遮住了太阳的乌云，是像董竹君那样，行走在崩溃的边缘，随时都会崩溃。

可是董竹君挺过来了，她的性格里有着火苗一样的坚韧和炽热，苦难没有打倒她，反而成就了她，她愣是凭着一股子劲在上海滩站住了脚。

很多人都知道上海锦江菜馆，那就是董竹君创立的，名声在外，无人不知。据说，当时的杜月笙和黄金荣这样的人都要提前派人预订席位，也正是因为聚集了大上海的各路名人，锦江菜馆的牌头也越来越响亮。

我们很难说是锦江菜馆成就了董竹君，还是董竹君成就了锦江菜馆，总之，她凭着自己的坚韧、能干、聪慧和果敢成就了一段传奇。这家端庄典雅的菜馆在之后的半个世纪一直是上海最有名的饭店，直到今天，在上海依然流行，接待过的国家元首和政府首脑数以百计，而董竹君也因此被后人冠上了"女强人"的称号。

董竹君不只是一个成功的商人，还是一个爱国人士。在国家困难时期，她不仅参加革命，还将自己辛苦创业得来的十五万美金全部无偿捐献给国家，解放后，她响应国家政策，将锦江菜馆也捐献出去，完成国有化改革。这一点，恐怕很多人都做不到，也让无数男子自叹不如。

此时再读董竹君，她跌宕起伏的人生经历、传奇的爱情和沉浮的创业史，无不让人惊叹。可是，这些都得益于她的强韧和独立，如果她性格不是如此，又怎能走出这样精彩的人生？她的勇气，她的选择，都给了我们莫大的激励，与其陷在婚姻的泥潭中挣扎，不如抽身而出，再艰难，又何妨？

知心话

如果跌倒了，那就爬起来；如果迷路了，那就重新导航；如果摔进泥淖，那就学会游泳。

谁的人生都遭遇过困境，抱怨没有用，你只能学着自救。

苦得多了，总会尝到甜的味道；痛得久了，总会等到幸福的时刻。哀叹和抱怨永远都是最没用的，还不如擦干眼泪，艰难前行，哪怕前方根本看不到路，总会走到终点。

生活永远不会一帆风顺，有高潮，就有低谷，只要拿出勇气和决心，多摔几次又怎样？那意味着你很快会摸索到坦途。

阮玲玉：你的爱情，不是生命的全部

　　有些女人是为爱而生的，她们就像依靠营养液存活的绿萝，无法自立。她们认定我们在爱情中，往往会觉得彼此之间的爱是独一无二的存在，认定对方是自己的所有，于是她们为之投入了全部的心力，一旦失去，她们也就萎谢了。

　　《致青春》里的女神阮莞，她是多么完美，性格好，相貌好，成绩好，但她却栽在一个渣男身上。她为了他，一次次坐长途火车，两地奔波；她为了他，拒绝了所有男性的追求；她为了她，一个人吞下眼泪，当作不知道那些背叛。这个被设定为女神的姑娘，明明可以活得更精彩，最后却落得为情而死的下场。

她不是愚钝，也不是自轻，她只是舍不下自己的爱情。

现实中，又有多少个阮嫒，握着错误的爱情，消耗着自己的青春。

曾经恍然如残梦

民国时也有娱乐圈，也有令人追捧的女神，阮玲玉就是其中的一位。可惜红颜薄命，她演过无数动人的爱情故事，自己却因为几段悲惨的爱情，留了一句"人言可畏"，在二十五岁愤然离世。

我为她短暂的人生而惋惜，也为她的抉择而心痛。

阮玲玉一生传奇而坎坷，就像一部真实的电影，她在台上演戏，却在台下过着如戏的人生。

阮玲玉很美，像是一株春日里的桃花，娇艳欲滴。可是，这株桃花在盛开时却遭遇了风雪的摧残，花瓣撒落一地，无声地哀叹她的不幸。

她的第一段爱情是在十六岁的时候，她正懵懂青涩。

她的母亲在一个富人家中做帮佣，这户人家姓张，家中有一个四少爷，长相斯文，思想先进，他就是张达民。翩翩公子哥看上了自家佣人的女儿，她美丽天真，就像小鹿一头撞进了他心里。

这听起来多么像话本子里的故事。他们确实开始花前月下，海誓山盟，然后相约私奔。张家怎么会接受一个佣人的女儿呢？年少的爱情总是热烈而冲动的，阮玲玉被说服了，她不惜反抗自己的母亲，跟着张达民跑出家门。

他们很快开始同居生活，可惜现实不像话本子那么美好，王子与灰姑娘的童话也是骗人的。当激情褪去之后，当柴米油盐的问题摆在面前，阮玲玉渐渐从爱情的眩晕里清醒，也渐渐看清了那个她爱的男人有多么丑恶的嘴脸。

爱情是浪漫的，生活却是俗气的，两个人在一起，不仅要甜言蜜语，还要衣食住行。一时冲动就离家出走的他们，没有任何收入来源，也没有任何生存能力，只能靠着家里的救济度日。时间一久，自小养尊处优的张达民哪里受得了这样的窘迫？走投无路的时候，阮玲玉遇到了人生中的伯乐，开始发展演艺事业，她刚入行，辛辛苦苦挣的钱全部给了张达民。渐渐地，她成了家里的钱袋子，而那个游手好闲的公子哥就靠她养活，光明正大地吃软饭。

爱情不可能永远是单方面付出的。对十多岁的少女来说，温言软语足够打动她的芳心，但是在一地鸡毛的现实里，只知道享乐、从不付出的张达民成了拖累和重担，他不仅无法给予安慰和帮助，反而带来无穷的压榨和为难。

此时的阮玲玉在影坛已经崭露头角，成为炙手可热的女星，她在物质上并不缺乏了，但感情上却枯涸。张达民拿着她的钱挥霍，还对她冷语相加，这个男人就像沼泽，吞噬着她的活力，但她偏偏无法挣脱，心有余而力不足。

明明有能力，也有财力，但她还是选择依赖男人，而不是依赖自己，哪怕那个男人如此不可靠。

因为战乱，阮玲玉到了香港，这时，一个叫唐季珊的男人出现了。他是香港的一个富商，爱慕阮玲玉的美貌，对她展开了热烈的追求。

和公子哥张达民不同，唐季珊既成熟又稳重，这样的男人很容易打动女人，尤其是一个饱受折磨、疲惫不堪的女人。他温柔体贴，他经济独立，他一举一动都散发着魅力，他是风月场上的老手，懂得怎样恰到好处地撩拨。

他就像一汪荡漾的春水，阮玲玉毫不意外地沉溺其中。

或许，一段新感情真的能帮助女人摆脱上一段，唐季珊给了阮玲玉安全感，有了这份体贴和照顾，她下决心要离开张达民，开始自己的新生活。

但是张达民不肯罢休，他们的爱情早就磨灭干净了，只剩下利益，他舍不得这棵摇钱树。眼看着阮玲玉要离开，他急了，也豁出去了，撕破脸皮向她索要大笔钱财，一次比一次多，多到阮玲玉忍无可忍，严词拒绝。

求财不成的张达民恼羞成怒，一纸将阮玲玉告上了法庭，昔日的恩爱小夫妻，如今彻底陌路。面对他口口声声的污蔑和指控，阮玲玉既心寒又心酸，她实在无法接受，一起同居多年的男人这般冷漠无情。

阮玲玉心力交瘁，正在她需要安慰和陪伴的时候，她发现唐季珊劈腿自己的好友。不期而至的背叛彻底打垮了这个女人，柔弱的她就像一朵娇花，被狂风暴雨无情地摧残。

生如夏花死若秋叶

好在此时的阮玲玉还有工作，失去了感情的依托，她只能将全部精力都寄托在电影事业上。天意弄人，她在拍戏时，又遭遇了另一段孽缘，对方是跟她有着同样贫困童年的年轻导演蔡楚生。

所谓惺惺相惜，他们两人相互取暖，时间久了，难免会滋生出一些情感。其实，与其说是爱，不如说是救赎，饱受背叛和孤苦的阮玲玉需要陪伴，她就像溺水的人渴望稻草，急切而盲目，毫不犹豫地投向了蔡楚生的怀抱。

她为那一点儿温暖的着迷，却忽略了温暖背后的懦弱和恶意。

这根稻草最终没能救阮玲玉于水火之中，反而给了阮玲玉最沉重也是最致命的一击，让她再也走不出感情的困局。

阮玲玉一心想离开上海，离开这个浮华的圈子，与蔡楚生交往之后，她多次表示希望和他一起远走。但此时的她是大明星，红得发紫，一举一动都饱受关注，蔡楚生怎么会舍得离开，他一心借用阮玲玉的名气和声望为自己谋利。最让阮玲玉心痛的是，蔡楚生一直不肯把他们的情侣关系公之于众，反而藏着掖着，当时，关于两人的桃色绯闻和小道消息传得沸沸扬扬，他始终没有出面承认。

对男人来说，再多的风流韵事也不损坏名声，大家顶多笑话他多情，但是对女人来说，舆论就刻薄了，什么难听的话都有。尤其阮玲玉又是一个内心柔弱的女人，有过几段感情挫折，身为八卦的女主角，她受到的伤害是无法估计的。

雪上加霜的是，阮玲玉在事业上也遇到了困境，她因为电影中的新角色被众人所质疑，也引来了小报记者的嘲讽与攻击。这事闹得沸沸扬扬，几乎人尽皆知，为了蹭热度和话题，很多报社和路人开始无中生有地掺和，连张达民也插一脚，他再次将阮玲玉告上法庭，对她进行人身攻击和伤害。

阮玲玉如坠深渊。

这时的她没有了朋友，没有了爱情，她所爱过的三个男人，没有一个人站出来，给她温暖和帮助。想到自己痛苦不堪的境遇，想到自己屡次的遇人不淑，绝望的阮玲玉选择了服药自杀。

音容宛在，过去的电影依然上映；香消玉殒，曾经的美人无法回来。

阮玲玉已然是一段传奇。

关于她的旧闻还在传着，关于她的爱情还在众说纷纭，作为旁观者，无不可惜。她有美貌、有经济实力、有事业，明明可以活出一番精彩，却偏偏以悲剧收场。说到底，她就是被爱情所误，从第一段感情开始，她就习惯了付出，习惯了牺牲，却忘记索要自己应得的；第二段的爱情，她识人不清，被温柔迷惑了双眼，爱上错误的人，却没有勇气及时修正；第三段感情里，她完全迷失了自我，明知对方是利用和虚情，她还浪费自己的真心。

她为爱而活，所以最后为爱而死。

可爱并不是我们的全部，她本可以抛开爱，扮演其他的角色：大明星、母亲、女儿等等，她完全不必为了男人而放弃自己，余生还很长，前路还很远，一切都带着未知的美好。

知心话

谁都有过失恋的经历。

当时痛哭流涕，当时痛不欲生，当时刻骨铭心，但熬过去以后呢？我们不难发现，生活还是那么美好。

刚出炉的小笼包还是鲜香可口，刚到手的工资还是热乎乎的，刚买的衣服又漂亮又有气质，刚邂逅的那个年轻男人英俊潇洒。那些过去的伤痛很快就痊愈了，顶多留下一道伤疤，我们甚至没空去搭理它，因为有太多新的人和事吸引着我们的注意力。

想想看，当时的情伤和来日方长的美好相比，是不是微不足道？

爱情很美好，很重要，很多时候甚至占据了我们所有的注意力，所以我们格外在乎和关注。可是，它真的是我们的全部吗？没有爱情，我们就不能活吗？

我们有自己的事业，在事业中同样能获得成就感和满足感；我们有自己的朋友，他们也能提供陪伴和安慰；我们有自己的亲人，那是永远不会离开的温暖；我们有自己的兴趣爱好，唱歌跳舞旅行看电影，不管是什么，都能取悦自己。

我们何必要为一个男人要死要活？我们何必要为一段感情萎靡不振？我们何必要依附伴侣才能活？

当爱情来临的时候，我们全心投入，相知相守；当爱情已经死了的时候，我们却还是鲜活的，没有它，还有其他的人和事等着，还有其他的美好不期而至。

胡　蝶：好的性格，成就更优秀的女人

对女人来说，最好的滋养品是什么？不是燕窝鱼翅，不是各种高端护肤品，而是她的性格：善良会带来轻松的心境，坚强会带来开阔的胸怀，活泼会带来乐观的态度；含蓄会带来细致的习惯……

女神贾静雯的两段婚姻，一直被热议，有羡慕，也有感慨。同样是嫁人，第一次所嫁非人，男方数次出轨，还对她拳脚相加，逼得这个光彩照人的女明星，对着记者的镜头失声痛哭；现在嫁得良人，宠爱如掌上明珠，美得令人挪不开眼，三十多岁的少妇还有娇俏韵味，举止间，那股自信和风采更是从前没有的。

是什么让她容光焕发？是男人吗？是婚姻吗？这人人称羡的背后，是一个小女人咬牙切齿的隐忍和顽强。她曾经十六岁就出道；她曾经用了两年时间不眠不休地拍戏，还清了父亲所欠下的巨债；她曾经为了争夺女儿的抚养权，四处奔走，中断事业。

她说，人不会一直生活在阳光下，所以要学会坚强。

你看，熬过那些糟糕和苦难，她等来了一段更好的缘分，而幸福就此悄然而至。所以，只要有足够的坚强，有足够的乐观，有足够的耐心，这些都会帮你渡过难关。

在红尘的染缸里如何纯粹如一

提到民国的电影明星，很多人会想到为爱而殇的周璇，一副金嗓子，唱响大江南北；会想到红颜薄命的阮玲玉，被"人言可畏"逼迫，寻了短见；但很少有人会想到胡蝶，其实，在20世纪30年代的上海，胡蝶炙手可热，美艳不可方物，她的一颦一笑都是少女们争先模仿的对象。

作为一个出色的电影明星，胡蝶不只是容貌俏丽，她的专业素养也很出色，把拍戏当作爱好，更当成事业。同期的阮玲玉和周璇都是一时翘楚，但她们红则红矣，在事业上没什么上进心，没什么目的性，不像胡蝶，她有一番明确的追求和规划。

为了拍一部关于京剧的电影，胡蝶特意从上海到北京拜见梅兰芳学戏；为了练好台词，她下了苦功夫学习普通话；为了给电影配音，她在录音室一坐就是七八个小时。外人只看到她风靡上海滩，看到那旗袍着身的婀娜，看到那招牌的小酒窝，看到那明眸善睐的风情，却没有看到她所付出的努力和她在努力中所积累的宝贵经验。

她的美丽如花，她的性格却坚韧如树。

除了事业，在爱情上，胡蝶也同样清醒、聪明、理智，尤其是和阮玲玉相比，她太清楚自己想要过什么样的生活，想要成为什么样的人。哪怕是和林雪怀的爱情不欢而散，她也没有一味地沉浸在伤痛里，而是痛定思痛，把心力花在工作上。

好在胡蝶遇到了潘有声，从认识到结婚，共走过六年多的时间，彼此扶持。胡蝶并不急着结婚，她一边享受着潘有声的追求，一边忙着工作。

这不是矫情，也不是欲擒故纵，她只是没有为爱冲昏头脑，一心独立，也趁机会了解和考验对方。说到这里，不得不感慨胡蝶的聪明和清醒，她和阮玲玉的感情遭遇其实是有些相似的，都是遇人不淑，前路坎坷，但她的性格让她避免了悲剧。

同样是失恋，阮玲玉伤心欲绝，就像失了主心骨，只能依靠下一段感情疗伤；而胡蝶呢，却把伤痛裹起来，在皮肉里细细地磨，光华更盛，不愁男人不上心。同样是选男人，阮玲玉贪图甜言蜜语，被眼前的温柔迷惑；而胡蝶却头脑清醒，与前任分手后，足足花了六年来考察现任。

1935 年，胡蝶嫁给潘有声，在接下来八年多里，两人如漆似胶，举案齐眉，并且有了自己的孩子。然而，天妒红颜，胡蝶的幸福很快被打破了。

1943 年，人在重庆的胡蝶为了逃难，将前半生的积蓄打理成三十个大箱子，托人运到内地，谁知道，这些箱子在半路丢失了。半生的积蓄一下子就没了，况且前途未卜，任谁也过不去这个坎儿，胡蝶郁郁寡欢，为此病倒了。

胡蝶有一个叫林芷茗的发小，这位发小的丈夫杨虎是个追名逐利之辈，他听说了这事，转身就上报给了戴笠。

原来，戴笠早就对大明星胡蝶暗生倾慕，百般示好，只是碍于她已婚的身份，一直没有机会亲近，这次的箱子失窃，正好提供了一个英雄救美的机会。

箱子当然没有找回来，但戴笠为了讨美人欢心，不惜砸重金，另外筹备了三十箱金银细软，抬到了胡蝶的面前。胡蝶接了，是迫于情面，也是心疼钱财。这乱世里，有什么比傍身的银子更靠谱呢？

从这以后，戴笠变本加厉，对胡蝶大献殷勤，时常邀她出门，或是请她来家里坐。一来二去，司马昭之心路人皆知。

胡蝶不是不知道，但面对他明里暗里的施压，她只能走一步看一步，小心地斡旋。

真正的优雅，经得起岁月

说好的携手天涯却经不起风浪

胡蝶的敷衍和为难，戴笠都看在眼里。面对如隔云端的美人，他既心动又心痒，一方面，他安排胡蝶住进曾家岩公馆，就为了和她多见几面；另一方面，他将目光盯上了潘有声，毕竟这个正牌丈夫太碍手碍脚了。

不知道出于什么原因，戴笠这个特务头子并没有对潘有声赶尽杀绝，他打着给潘有声介绍生意的幌子，将他支到外地，留下娇妻。

接到专员委任状和滇缅公路的特别通行证时，潘有声既意外又不那么意外，他知道，这是戴笠给的补偿，代价就是让出自己的妻子。谁也不知道那一刻他是怎么想的，或许无奈，或许屈辱，或许窃喜，总之，他离开了重庆。

对于别的女人来说，这无疑是当头棒喝：一个无赖觊觎自己，而丈夫却默许了。不管别人会怎样伤心难过，会怎样羞愤，会怎样不甘不愿，胡蝶却忍了下来。

如果你以为她会就此郁郁寡欢，愁眉不展，每天活在纠结和羞辱里，那就错了。胡蝶看得开，想得远，面对无能为力的局面，她既没有呼天抢地，也没有要死要活，而是坦然地接受了这一切。羞愧吗？自厌吗？战战兢兢吗？她都没有，照样与戴笠一起看电影，一起公园散步。

但如果你以为她会就此沉迷于荣华，那也错了。这段关系整整维持了三年，胡蝶衣食无忧，甚至可以说豪奢，戴笠不停地示好，陆续送给她罗家湾 19 号、重庆南岸汪山、嘉陵新村、浮图关李家花园等多处房产。除此之外，戴笠还颇具情趣，他知道胡蝶喜欢花，不惜高价购买了大量的奇花异卉。这一切却没有打动胡蝶，她把自己的位置和情势掂量得很清楚，也把戴笠的为人看得很透彻，所以当他提出要结婚时，她断然拒绝了。

换作其他的女人，要么郁郁终生，要么被富贵迷眼，很少能像胡蝶这样从始至终的清醒。

不甘心的戴笠再次找上了潘有声，不惜威逼利诱，让他和胡蝶离婚。潘有声忍气吞声了三年，如今面对这过分的要求，他拒绝了。

戴笠哪肯就此善罢甘休？他立刻拘押了潘有声，陆续派人去诱劝潘有声，其中就有三年未见的胡蝶。很多人误以为潘有声懦弱无能，处处退让，夺妻之恨尚且无还手之力，但这也情有可原，毕竟戴笠只手遮天，横行无忌，就像是一张看不到的网，轻易就能让很多人失去性命。

这一次见面后，胡蝶和潘有声办了离婚，这是被逼迫的无奈，也是为家人着想的体贴。

因为这桩离婚案，潘有声的百科词条中留下了"前妻胡蝶"的字样，大家对胡蝶也多有误解，以为她贪慕富贵。

好在戴笠是竹篮打水一场空，在准备与胡蝶的婚礼时，他因为飞机失事死在了南京。就这样，痛苦煎熬的三年结束了，胡蝶终于能够重新开始自己的生活。更令欣慰的是，潘有声并没有放弃这段婚姻，而是再次回到她的身边。

这段波折过后，胡蝶没有盲目乐观，在慎之又慎的考量后，她甚至放弃了一向热爱的电影事业。因为此时的她，早就不是以前人人追捧的境况，反而有一堆的小报记者，正等着挖掘她的八卦和隐私，她也不留恋镁光灯和鲜花，毅然抽身。

要是阮玲玉有这份果敢，怎么会被"人言可畏"逼得没了退路。

潘有声看出她的顾虑，他放下内地的生意，毅然决然地带着胡蝶和孩子们去了香港，一家人幸福地生活在一起。

知心话

一个女人最重要的是什么？

说到底，一个女人最重要的就是她的性格，她在短暂的一生中到底是悲是喜，是苦是甜，完全是由她的性格所决定。因此，美貌、运气、能力固然重要，它们就像一手摸到的好牌，怎么打，怎么赢，都凭每个人的技巧，而性格就是女人的技巧。

阮玲玉和胡蝶经历相似，可结局截然不同，一个软弱，一个坚韧，一个红颜薄命，一个福泽深厚。

性格决定命运，好性格才是女人一生最重要的福音。性格不完全是与生俱来的，很大一部分是缘于后天塑造。作为女人，要不停地修补自身性格的缺陷，要在坎坷的磨砺中让自己更加坚强，而不是放弃自我。不管是在为人处世上，还是在婚姻家庭中，好的性格往往能够适应各种各样的环境，能够在坎坷与危难之后，找回全新的更好的自我。

蓝　妮：勇敢选择，错亦无悔

　　顾城有首诗：你说，你不爱种花／因为害怕看见花一片片凋落／所以为了避免一切结束／你拒绝了所有的／

　　面对爱情，不是每个人都有勇气，她们害怕受伤，害怕美好稍纵即逝，害怕诺言是谎言，所以她们不敢开始。其实，即使错了又怎么样呢？哪怕是遇人不淑，哪怕是被辜负，哪怕是情深不寿，至少能尝过爱的甘美。

　　有时候，爱需要一点勇敢，一点冲动，错了也无妨，错了也无悔。

岁月的沉浮无须逃遁

她叫蓝妮，论容貌家世，论性情才华，在民国的芸芸命运中，似乎很普通，并没有那么出挑。但她又是特别的，在那样的一个时代，她敢于选择自己所想要的生活，勇气可嘉，胆气十足。

蓝妮小时候也有过一段无忧无虑的美好时光，家境殷实，父母疼爱，整日读书与玩乐。但是，她很快从富足的大小姐，变成家道中落的落难姑娘，而这都是因为十五岁的一场变故。

那年，蓝妮的父亲蓝世勋在一次和同事外出的时候，遇到了劫匪。那位同事被乱枪打死，目睹了这一幕的蓝世勋受到极大的冲击，虽然安全回到家中，但是精神已经崩溃，只能在家休养，完全无法正常生活与工作，税务局长的职务自然也被罢免了。

曾经儒雅能干的父亲不见了，眼前这个痴痴呆呆的人，只会吵闹、发疯、不停地用手比画成枪的动作。那种惶恐、惊惧和撒泼都是蓝妮从来没有见过的，她只是一个柔软的花季少女，本该天真烂漫，就像含苞待放的花，现在却不得不扛起家庭的重担。

这种日子持续了三年之久，直到十八岁的时候，有人向蓝妮家里提亲了。对方是上海闻名的家族——李家，李调生是国民党财政部次长，在当时也是个了不起的人物，有权、有钱、有势，而他的儿子李定国是个风流倜傥的公子哥，相貌英俊，风流倜傥。

蓝妮家和李家同住在上海襄阳南路，她每天回家总要经过李家，久而久之，李定国就被这个容貌美丽的姑娘吸引了。况且，蓝妮也算是出身大户，虽然现在家道中落了，但她的气质和教养出类拔萃，是个内外兼修的好姑娘。

李定国展开了热烈的追求，还派遣媒人登门，无奈襄王有意神女无心，蓝妮并没有中意这位公子哥儿。碰了软钉子后，李定国不仅没有气馁，反而更加殷勤，在得知蓝妮家里的情况后，他主动提出每个月付给蓝家一百元大洋，帮助蓝世勋治病。

出于对父亲的爱护，蓝妮松口答应了这门婚事。

然而，这个看似善意满满的提议，为他们的婚姻埋下了不幸的伏笔。李定国并不是真的怜惜老丈人，也不是花钱做善事，他只是为了博美人欢心而已。等美人到了手，等蓝妮进了门，他自然觉得这笔钱花的冤枉，甚至把这笔钱当成蓝妮的卖身钱，从心理上对她轻视，认为她是自己花钱买来的。

当时，很多人羡慕蓝妮，羡慕她飞上枝头当了凤凰，但是，只有蓝妮心里知道，她过得并不开心。曾经，她也是娇生惯养的大小姐，是父母的掌上明珠，是学校的风云人物，是多少人追求的女神。可是，嫁到李家五年，生养了三个孩子，她却一直都得不到应有的尊重，在李家人看来，她不过是花钱买来的东西，不过是李家传宗接代的工具。况且，她和婆婆的关系不好，对方故意挑刺，针锋相对，总爱指手画脚；她和仆人也矛盾重重，那些人拜高踩低，对这个不受宠的少夫人没个好脸色，甚至有时候联手欺负她。最重要的是，当一时的新鲜和激情退去后，李定国的宠爱也没有了，取而代之的是谩骂和轻视。

蓝妮是受过教育的新女性，勤奋而上进，她和风流少爷李定国根本就不是一路人。

抑郁的豪门生活就像一座鸟笼子，困住了蓝妮这只灵动的百灵鸟。为了摆脱这段婚姻，为了追求自由，年仅二十三岁的她决定离婚。

可以想象，这是一段艰难的抗争。在饱受非议之后，在流言缠身之后，在经过了一波又一波的曲折之后，蓝妮终于挣脱了这段不幸的婚姻，离开李家。尽管没能带走孩子，尽管身无分文，但她还是因自由而欢喜。

平静的日子安然无恙

二十三岁的蓝妮虽然身无分文，但是她有美貌。

离婚后，蓝妮应同学陆英的邀请参加了一场舞会。那一天，她穿着一生旗袍，窈窕多姿，虽然不张扬，却让人惊艳，一下子撞进了孙科的心里。

孙科是孙中山的独子，儒雅低调，而且为人和善，当时正出任南京政府立法院院长。孙科自小在美国长大，英文很好，思想和谈吐都比较西化，而蓝妮在学校的时候就精通英语，所以，两人在舞会上聊得很愉快。短短的时间内，他们交换了彼此的人生经历，还畅谈唐诗、宋词、西洋古典音乐和绘画。

孙科无疑被美艳聪明的蓝妮吸引了，而蓝妮同样欣赏孙科的儒雅和机敏。她知道这个男人不一般，她开始为自己的幸福而谋划。

他们陆续又约会见面，在一次次的接触中，那缕若有似无的好感已经转变为强烈的吸引。在一次聚会后，孙科郑重对蓝妮说："蓝小姐，我想请您担任我的机要秘书，不知意下如何？"这对蓝妮来说，是求之不得的机遇，她牢牢地抓住了，从孤苦无依的离异女人，一跃成为民国立法院院长孙科的私人秘书。

身为秘书，蓝妮是合格的：她将孙科的工作场所整理得井井有条，少了很多烦劳，多了很多温馨；她留心孙科的每个生活习惯，小到日常饮食，大到个人爱好，无不精心安排；她陪着孙科出席各种场合，落落大方，幽默健谈。渐渐地，孙科已经离不开她，两人的感情与日俱增，形影不离。

为了表示自己的忠贞，孙科娶蓝妮为二夫人。婚后，他们出双入对，非常恩爱，他还亲笔给她写了一张字据："我只有元配夫人陈氏与二夫人蓝氏二位太太，此外决无第三人，特此立证，交蓝巽宜（蓝妮的原名）二太太收执。"蓝妮心满意足，男人是她挑的，日子是她想要的，而这一切都是她争取来的。

不过，这段婚姻同样没能长久。1948年孙科报名参选副总统，蓝妮一方面拿出自己的部分积蓄，一方面设法筹措款项，帮助丈夫竞选。然而，就在竞选的节骨眼儿上，发生了一件导致孙科功败垂成的所谓"蓝妮事件"。

尽管蓝妮出钱又出力，在竞选参谋团看来，蓝妮的出现对于孙科竞选的负面作用太大，因此很多人将失败归之于她。据说，当时孙科不仅没有替蓝妮辩解，为了撇清自己，甚至将事情全推到蓝妮身上，还在背后做了些小动作。

往日的爱侣一下子反目成仇，生性刚烈的蓝妮，选择了挥剑斩情丝，她立刻离开北京，从此和孙科劳燕分飞，结束了近13年的夫妻生活。

她终生再没有见过孙科，一个人从事商业，独自安稳到老。

知心话

女人要为自己而活。

我们永远不必为了爱情而唯唯诺诺，不必为了害怕而畏葸不前，不必为了惶恐而缩手缩脚。有什么可怕的呢，听听自己的心，想走的时候就迈出步子，想哭的时候就流出眼泪，想笑的时候就露齿大笑。

任何人和事都不该、也不能委屈自己。

当爱情困住我们的时候，那就离开吧，一段错误的关系就像绳索，只会剥脱自由和快乐，别去想世俗的观念和流言的纷扰，勇敢地迈开步子。

当爱情背叛我们的时候，那就割舍吧，哪怕过去再美好，哪怕爱人再出色，那也只是变质的蛋糕，别去流连曾经的美好，勇敢地扔掉它。

当爱情邂逅我们的时候，那就接受吧，别担心受伤，别担心遇人不淑，既然心动，那就为自己搏一把，别去患得患失，勇敢地和它握手。

殷明珠：爱情之外，另有天地

女人到底怎么活才算是精彩？是轰轰烈烈的爱情？是惊天动地的奇遇？是众星拱月的显赫？还是呼朋引伴的魅力？

没有优越的家境，没有精致的容貌，没有让人眼前一亮的学历和工作，对于平凡的我们来说，精彩似乎很遥远。

其实，很多普通人也过得非常精彩，她们在选择的道路上踽踽独行，一步一步地前往，一点一点地改变，不后退，不气馁，直到成为最好的自己。

比如殷明珠，这位民国奇女子活得精彩纷呈，不是因为爱情，不是因为美貌，而是因为一段励志的职场故事。

岁月是把锋利的剑刃

殷明珠的父亲是位画家，在他得急病去世的那一天，他购买的彩票竟然中得头奖。这算是不幸中的大幸，所以，在殷家的顶梁柱倒下后，十三岁的殷明珠和母亲好歹有了傍身的钱财，生活不至于困顿潦倒。

隔年，殷明珠进了上海中西英文女校，在那里，天资聪颖的她如鱼得水。殷明珠在运动方面特别有天赋，身体的柔韧性极好，很快学会了骑马、游泳；她还会各种舞蹈，一学就会；她也喜欢踢足球，敢于上场与男孩子较量；不过，她最拿手的还是唱歌。

除了运动，她还很喜欢模仿欧美影片中的女主角，尤其是模仿女主角的服饰。

殷明珠不仅才艺满分，还出落得楚楚动人。她身材颀长，一张鹅蛋形的脸庞宜喜宜嗔，那双凤眼更是晶亮有神。就这样，她快乐地度过了女校时光，很受老师、同学的喜欢。

毕业之后，殷明珠进入邮电局当职员。虽然这只是一个普通的文员工作，但殷明珠能说会道，热情大方又彬彬有礼，她在交际场上优游自如，那一口流利的英语，更是帮她加分不少。当时，只要殷明珠的身影在舞场、歌厅、咖啡厅等场所出现，就会有很多爱慕者趋之若鹜，他们喜爱殷明珠，像是追星一样狂热，尽管她这时候还不是一位明星。

姣好的容貌、妙曼的身姿和爽朗的性格，如此优秀的殷明珠在邮电局是埋没了，好在有伯乐及时发现了她。这个伯乐不是别人，正是她后来的丈夫但杜宇。

但杜宇聪明能干，喜欢绘画，和殷明珠一样，他也是在小时候就失去了父亲。家道中落的他随着母亲到上海继续读书，因为擅长画美女，当时一些很有名气的杂志都找他约稿，渐渐地，他也闯出了一些名声。

都说艺术是相通的，但杜宇对油画、水彩画和摄影都有研究，他喜爱看电影，尤其是外国影片，慢慢地，他开始朝着影片制作的方向发展，自己筹集资金办起了上海影戏公司。这是一个家庭公司，里面所有的演员全是家庭成员，但杜宇自编自演自导自摄自剪，拍摄出来的短片还引起了不小的反响。

不久之后，但杜宇决定拍摄一部爱情片，但他缺少一个女主角。

就在这个时候，他遇到了殷明珠。

沉浸在光阴中建设新的人生

殷明珠在名媛圈里小有名气，很多人称她为 FORIGN FASHION 女士，报刊上也刊登了她时尚着装的照片。她喜欢穿衣打扮，也很会穿衣打扮，每每成为封面广告人物，引得那些小姑娘争相模仿，也让那些文人不吝赞美之词，纷纷写文章夸耀。

在看到她的照片之后，但杜宇心动了，他觉得自己新电影《海誓》的女主角，就是为殷明珠量身定做的。就这样，他通过一个侄女引荐，见到了殷明珠，在说明来意之后，喜欢挑战、喜欢电影的殷明珠当下就答应了，并且是表现得十分雀跃。

1921 年，上海影戏公司的处女作《海誓》，在闸北的一块空地上搭设布景开始拍摄。编剧、导演、摄影、洗印以及美工、布景、制作等全由但杜宇一人包揽，难怪后来他被人称为"中国电影的技术全才"。

这部《海誓》描述了一个富有理想和浪漫色彩的爱情故事。摩登少女福珠与青年穷画家周选青相恋，私订终身，互相盟誓：如有负约，当蹈海而死！福珠的表兄非常富有，爱慕福珠美貌，穷追不舍。终于，在钱财的诱惑下，福珠忘记了自己的盟誓，决定嫁给表兄。正当他们在教堂举行婚礼之际，福珠忽然念及前誓，幡然醒悟，逃离教堂，奔向画家周选青。可是周选青余怒未消，斥责福珠负义变心，拒绝了福珠。羞愧不已的福珠，狂奔到海边，决意践誓投海自尽。周选青见福珠情真，及时赶到，救福珠脱了险，两人尽释前嫌，终成佳偶。

这一部电影深得观众所喜爱，获得了空前的成功。殷明珠在里面的扮演可圈可点，她所扮演的少女福珠更是深入人心，虽然这是第一次站在银幕前，但她毫不露怯，敬业地完成了每一场戏。

这部戏就像一个开关，殷明珠发现了自己在表演上的艺术才能。从此，她开始接拍电影，开始了自己的演艺生涯。

通过这部电影，她找到了自己的人生方向，不仅是喜欢的工作，还有一份水到渠成的爱情。她和但杜宇的故事没有那么跌宕起伏，却幸福美满，在当时的娱乐界传为佳话。最重要的是，他们二人夫导妇演，就好像珠联璧合，在但杜宇的主持下，殷明珠一连主演了二十多部无声电影，为中国的电影事业做出了不朽的贡献。

知心话

什么样的女人才算活得精彩？我想，是在爱情之外，还有自我的女人。

对于大多数女人来说，她们的生活已经被爱人、孩子、家庭塞满了，别说自我，她们连个人空间都没有。

活出自我，就要有自己的事业，至少得有一份稳定的工作。它不仅意味着稳定的经济收入，它更是一个女人最大的保障，因为最可靠的始终是解决温饱，难道我们要等着男人来喂养？如果有天他不愿意了呢？有了工作，有了钱，女人才会有安全感，才会有精力、有能力、有心力去做其他的事，去善待自己。

爱情之外，另有天地，我们的目光不应该只盯着情爱，其实我们还可以活得更精彩。

孙　荃：不念过去，不畏将来

一个女人可以强大到什么地步？迫于生活，她可以从林妹妹变成王熙凤。

趁着放假，我回到儿时生活的小城，意外碰见了老同学秋。秋是我们读书时代的女神，长得好看，成绩优异，能写诗，会画画，长发飘飘的模样不知道让多少男生爱慕。毕业后，听说她上了一所不错的大学，嫁给了一个小有名气的记者，当时的婚礼还挺轰动，没想到再见却是这种情形。

秋现在经营着一家煎饼摊，每天起早贪黑，瘦了，黑了，也不如以前好看了，素着脸，衣裳简陋，完全看不出是三十岁的人。我打听后才知道，原来秋和老公离婚了，为了争取小孩的抚养权，她几乎是净身出户，父母原本就嫌她离婚丢人，这下更是断了往来。而她带着小孩，一时也找不到合适的再婚对象，于是只能自力更生，供小孩念书。

曾经诗情画意的秋，现在彻彻底底地变成了一个能干的小摊贩。

其实，有很多这样的女人，在苦难中蜕变，郁达夫的前妻孙荃就是如此。

别有伤心深意在，离人芳草最相思

孙荃原名孙兰坡，和那些或美艳或聪明或高贵或骄矜的民国奇女子相比，她似乎有些太过低调了，以至于默默无闻，即使偶尔被提到，也是因为她丈夫是家喻户晓的作家郁达夫。

其实，她也是个有故事的女人。

孙荃小郁达夫一岁，自小在私塾学习，聪慧懂事，家境殷实，才貌双全，也是远近闻名的。郁家对此非常满意，在郁达夫留学日本时，两家人便订下了这桩门当户对的亲事，打算让他趁暑假回乡定亲。

民国正是个新旧交替的时代，封建的婚姻习俗还残留着，西方的新潮恋爱观又已经流行开来，所以，很多才子佳人们都面临着感情的困扰。作为新一代，他们讲究自由恋爱的社会风气，而老一代却依然喜欢包办婚姻，奉行门当户对和媒妁之言。

郁达夫也无法逃离这种困境。他在外留学多年，热爱文学，又心思敏锐，怎么会不抗拒那个不曾见面的未婚妻？但他不愿让母亲失望，只好听话回家。

订婚是被迫的，郁达夫对孙荃并不满意，他连她的名字都嫌弃，"孙荃"这两个字是他取的，因为"兰坡"太土气。

郁达夫不同于其他的现代文学作家，他极重视内心的感情体验，且在日记、作品中都有露骨的表达。他对文学的热爱与对女性的追逐几乎相伴相生，与美丽女性交往的经历往往就是他文学创作的源泉，其实，早在日本时，他就有过一段隐蔽的情史，他暗恋对方，却迟迟不敢表达，只能埋在心底。这种苦闷、无助和彷徨的心思都被他写进了自己的作品当中。

孙荃当然不是他理想中的对象,她和他笔下那些缪斯相去甚远。

然而孙荃并不知道这些,她一心要做个好妻子。还没过门,她已经把自己当作了郁家的儿媳,时常到郁家照顾郁达夫的父母,帮忙料理家务,还担任起了代笔给郁达夫写信的职责。她给他写过不少书信,其中不乏情诗:"风动珠帘夜月明,阶前衰草可怜生。幽兰不共群芳去,识我深闺万里情。"

这对郁达夫来说是意外之喜,他没想到那个乡下姑娘还有这样的才华,刮目相看后,他也会写上一两封回信。一来二去,两人也更熟悉和了解对方,多少有了感情。诗词唱和之余,郁达夫还指导孙荃多读晚唐诗,在他的督促和激励下,她的诗艺也有了不大不小的进步。

比起其他盲婚哑嫁的男女,郁达夫已经算是很幸运的了,孙荃虽然不是他的梦中情人,但也不算太坏,识文断字,勉强还有了感情基础。至少,他已经没有了最初的抵触,甚至已经接纳了,他曾将自己与孙荃唱和的诗一起发表在日本的杂志上,很有些自得的意思。

郁达夫毕业回国后,已相知相亲的两人便迅速完婚。一个不再排斥,一个有意迎合,加上孩子陆续的出生,他们的婚姻生活称得上幸福美满。

然而，赶上时局动荡，郁达夫四处奔波，夫妻分居，再加上经济拮据，孙荃在家照顾儿女的日子也并不好过。在 1926 到 1927 年的日记中，郁达夫多次写下感激荃君、对不起荃君的自白。1926 年旧历端午节，他们的孩子龙儿早夭，这让郁达夫无比悲痛。

或许文人都是多情的，敏感多思的郁达夫更是如此。即使他对孙荃又愧又敬，即使他对几个孩子疼爱有加，但这依然改变不了他的多情。丈夫的风花雪月，怎么瞒得住妻子呢？孙荃不可能不伤心，两人的关系慢慢进入低谷。

1927 年初，郁达夫与王映霞相遇相爱，不可自拔，他和孙荃的矛盾再也无法调和。

岁月的流逝，只留下无尽思念

其实，在王映霞之前，郁达夫就尽显其不负责任的本质。但无论是安庆的"海棠"，或是北京的"银娣"，或是广州的"白薇"，都没有毁掉郁达夫与孙荃的"家"，这次杭州王映霞的介入，则彻底地将他们的"家"送到了天涯海角。

对郁达夫与王映霞的恋爱，孙荃反应激烈。一开始，她极力地反对，面对王映霞提出的离婚要求，她甚至还以"殉死"相抗争。慢慢地，她也想透了，抵挡不住对他的"爱"，拗不过他的强硬，最终以牺牲自己，成全了他们。

孙荃与郁达夫分居后，完全还原为一个传统的、本质的中国妇女，独自过活，赡养公婆，教育子女，完全就是旧式女子的剪影。

郁家上下都喜欢孙荃，即使她和郁达夫闹得沸沸扬扬，她依然住在郁家，顶着郁太太的头衔，参加族内的各种活动。为此，王映霞与郁达夫爆发了最激烈的一次争吵，在王映霞的立场，她委屈而不甘，她是名门闺秀，说好了是要明媒正娶，是要做正房太太的，结果这名分始终不清不楚。可是王映霞没有想过，孙荃更加委屈而不甘，她什么都没有做错，她甚至一直做得很好，莫名其妙的就被人抢走了丈夫，现在还要来抢夺郁太太的名分。

她比王映霞更加不容易。

孩子们都还年幼——文儿两岁多，熊儿一岁多，胖妞几个月。为了三个不懂事的孩子，也是为了顾全郁达夫的名声，孙荃承受了巨大的痛苦，含泪默认了他和王映霞的婚姻事实，自此，吃斋念佛，含辛茹苦地抚育三个孩子。

一开始，郁达夫还会给一些经济支援，待他流亡南洋后，孙荃只能靠自己。生活逼迫得这个曾经拿笔写诗的女人开始忙碌，谁也不知道她吃了多少苦，谁也不知道她流过多少泪，她把孩子抚养大，并且坚持让他们念书，接受高等教育。

郁达夫的长女黎民在《我的母亲——孙荃》中，曾经饱含深情地回忆了孙荃带领三个孩子艰难度日的辛酸。在生活上，她竭尽全力，为子女们创造一个好的环境，使他们有衣穿有饭吃：在读书受教育问题上，她则使出了浑身解数，倾注了全部心血，即使在逃亡途中，缺衣少食，没有书可读、没学可以上的情况下，孙荃也一刻没放松孩子们的学习。没有老师，就自己教；没有教材，就选读古文古诗和郁达夫的作品。

孙荃就是这样把孩子们养育成才。

对郁达夫，她是恨过的，怨他风情多情，怨他抛弃妻子，怨他不念夫妻旧恩。但随着岁月的流逝，恨与怨越来越淡，最后只剩下无尽的思念和回忆。

20 世纪 40 年代末期，孙荃看到胡愈之写给全国文艺界的报告《郁达夫的流亡和失踪》，她这才知道，已分居多年、杳如黄鹤的丈夫早已为国捐躯，血染异国土地。她顿时泪如泉涌，失声痛哭。在她家的堂屋里，始终挂着郁达夫的照片，每逢旧历的七月十五，她总要向南天遥望，希望夫君的"魂兮归来，返故乡兮"，以此来表达自己的祭奠和哀思。

知心话

孙荃是值得同情的，失去爱情，失去丈夫，最后茕茕一生，孤独而老。孙荃又是值得敬佩的，即使是被抛弃，她也没有怨天尤人，而是坚韧地熬了过来。

离婚算什么？背叛算什么？失恋算什么？

感情有得就有失，感情有起就有落，我见过太多的女人为爱情要死要活。她们有的是沉溺在过往的美好中，走不出来，无法面对现实；有的是怨恨对方的离弃，以泪洗面，活在抱怨和诅咒里；有的是失去了依靠，从此一蹶不振，柔柔弱弱，就像菟丝花。

可以悲伤，但不要过度；可以痛哭，但记得擦干眼泪；可以愤怒，但别那么歇斯底里。不管再大的阴影，再难的坎，我们也要尽快让自己活过来。

别执着于回头，那些美好的、温暖的、糟糕的、黑暗的，都已经是过去了，不必害怕，也不必惦记；别担心前路，那些未知的、隐形的、不期而遇，可能不好，但也可能好。

王映霞：一场风花雪月，终不敌人间烟火

王映霞是个好姑娘吗？或许很多人会说不是。

可是，她哪里不好？她长得漂亮，号称杭州第一美人，引来郁达夫的疯狂追求，这不是她的错；她为了爱情，甘愿下嫁给郁达夫，要求他拿出正室的位置，这不是她的错；她在感情破灭之后，毅然决然地离开了家，即使扔下孩子，选择重新开始，这不是她的错。

我们不能轻易地评断一个姑娘是好是坏，她们各自有苦衷，但可以确定的是，任何姑娘都不能冲动、草率、爱情至上。一个再好的男人，也不值得我们打破自己的原则；一段再甜蜜的关系，也不值得让我们跨越道德的

底线。

面对炙热如火的感情，如果王映霞能清醒一点，理智一点，克制一点，她和郁达夫的悲剧就不会发生了。

有些缘分注定了长短

王映霞是个难得的美人，自小生长在江南烟雨中，眼如水波横，眉如远山聚，举手投足间透着诗意和风雅。纵使在美女如云的苏杭，王映霞也是最出彩的，当地有一句话："天下女子看苏杭，苏杭女子看映霞。"

王映霞素来喜欢读书，而且颇有胆识和眼光，不爱看小女人的缠绵情思，偏偏喜欢鲁迅笔下的犀利，喜欢沈从文笔下的唯美，也喜欢郁达夫笔下的颓废。读书是她生活中最大的乐趣，每一个闲暇的午后，她会安静地坐在某个角落，静静地捧着一本书，很投入地读着。

结束了浙江女子师范的学业后，她到上海继续求学。十八岁的女孩儿，年轻貌美，性格活泼，在上海的纸醉金迷中很容易迷失自我，不过王映霞并不是肤浅的姑娘，她没有被这些外在的虚荣所迷惑，她只是安安静静地读着自己的书。

　　尽管她行事并不高调，出色的容貌还是引来了大批狂蜂浪蝶，住学校总会引来不必要的麻烦，所以，王映霞暂住在老师孙大可家中。

　　一日，在老师家，她和郁达夫相遇了。

　　容貌绝美的王映霞就像一道光，光芒四射，瞬间就点燃了整个屋子，郁达夫无法不注意到她。而他呢，相貌平平，个头中等，瘦瘦的，像一根火柴棒。

　　这次相见很平常，却又不平常。郁达夫对王映霞一见钟情，燃起了爱的火焰，而他没能引起王映霞的注意。其实，郁达夫在文坛已经小有名声，不少文艺女青年对他芳心暗许，王映霞虽然一向喜欢他的文章，对他本人却没有产生特别的情愫与好感。郁达夫无奈，只得一次次地找借口去孙大可家中，就是为了能够见到王映霞。

　　王映霞似乎并不抵触他的示好，偶尔也接受他的邀请，有时候，他们会约在一起喝咖啡，有时候是去茶园，有时候则是一顿家常便饭的小聚。郁达夫费尽心思，想出各种办法，一点点软化女神的心。而王映霞更感兴趣的是他的文字，在与郁达夫的交谈中，她觉得自己学到了很多，他的才思、他的细腻、他的深刻都仿如良师益友。

渐渐地，他们的话题从文学转到了生活，郁达夫聊起曾经留学海外的经历，说一些有趣的见闻，偶尔也会满目愁容地抱怨自己不幸的婚姻。王映霞心软了，说不上是同情还是好感，但两人的距离更近了一些。

真正让她改变态度的，是郁达夫给她写的情书。

有没有看到很熟悉的桥段？没错，写情书。

或许，民国这些才子佳人们的爱情就离不开诗词情话，个个都是高手，毋庸置疑的是，郁达夫写起情书来，丝毫不比徐志摩逊色。

那一封又一封情书，都经过王映霞的手，锁进闺房的小抽屉。即使不翻看，那些滚烫的字眼也都烙印在心头了，字字句句，让她的心湖泛起一丝又一丝涟漪。

的确，甜言蜜语如果是经过嘴巴，总有点轻率的嫌疑，说过就忘，听过就扔。但是写在信笺上的甜言蜜语就不同了，它多了几分认真，将山盟海誓变成某种契约，随时能够重温，还能被见证，所以格外打动人心。

一封信来了之后，紧接着就是第二封、第三封……第一百封。

王映霞每天读这些信，他笔下生花，字字入了她的心。

爱情的来临就像春风，无声无息地吹融了旧年的坚冰。一百封情书，搁谁身上谁也不会没有半点动容，王映霞也不能免俗，她陷入了郁达夫精心编制的情网，忘了他长相平平，忘了他经济拮据，也忘了他早就有妻儿。

谈婚论嫁时，王映霞本来是不愿的，她家世不错，个人条件也好，怎么会甘心无名无分跟着郁达夫？可是爱情占了上风，她被炽热和激情冲昏了头脑，退不了，妥协了，也糊涂了。

曾经爱意阑珊不过半空云烟

爱情是美好的，婚姻却是现实的。曾经浪漫的恋人，百封情书的姻缘，人人称羡的富春江上神仙侣，碰上现实，都像泡沫似的碎了。

他们也有过幸福的时候，就像郁达夫在信里承诺的，他凑钱买了房，过着简单的二人世界；他在大学出任讲师，又忙着写作，都是为了挣钱养家，他们家的伙食比鲁迅家的还好。

只是，幸福很短暂，人间烟火又太长。两个人时，他们还能有各自的空间和娱乐，生了孩子之后，王映霞大部分的时间都贡献出来了，她不过是个提篮买菜的家庭妇女，和其他家庭主妇没什么区别，只是漂亮几分罢了。她整个人被缠在了家务之中，照顾小孩、打理家务，照看丈夫的生活起居，一天到晚就是卧房和菜市场。而褪去了作家光环的郁达夫，不过是个普通得不能再普通的男子，甚至说起来，比普通男子的相貌还差几分，而且脾气还坏得很。

在锅碗瓢盆面前，女神和大作家开始有了嫌隙。

的确如此，恋爱中的人都是盲目的，等到激情退却，荷尔蒙压不住现实的惨淡与窘迫时，那只能以悲剧收尾。就像张爱玲所说："生活是一袭华美的袍，爬满了虱子。"曾经想象的美好，到头来发现是幻境，王映霞是想和郁达夫好好过日子的，所以，当她发现自己的名分问题始终没有解决时，既不忿又恼怒。她曾随着郁达夫回了一次老家，结果发现孙荃还在家中居住，更令她难以接受的是，郁家还是只认孙荃，并不承认她。

回来之后，她和郁达夫两人发生了争吵，一次，两次……一次比一次来势汹汹。

更糟糕的是，随着越来越频繁的争吵，郁达夫开始怀疑王映霞有了外遇，他一次次捕风捉影，一次次造谣生事，最后都以两人的不欢而散告终，等冷静下来，他又开始后悔自责，一次次道歉，挽回芳心。

每一次争吵都给他们的婚姻留下了伤疤，终于，王映霞忍无可忍，在郁达夫指责她和朋友有私情时，她毅然离家出走，并断绝了一切联系。郁达夫又悔又急，在找不到人的情况下，恼羞成怒，一口咬定王映霞是私奔。为了泄愤，也为了让她现身，他竟然跑到报社，自曝家丑，将夫妇间的矛盾公之于众，其中还掺杂着自己的猜疑。

舆论顿时哗然，各界人士纷纷掺和进来，有诋毁的，有看热闹，有调停的，有火上浇油的。这桩桃色新闻越闹越大，原本可以私下调和的矛盾，这下到了无可挽回的地步，王映霞气愤之下以《一封长信的开始》和《请看事实》相回应，铁了心要和郁达夫离婚。

因为报纸和舆论的推波助澜，这对昔日爱侣撕破了脸，郁达夫骑虎难下，此时，他再去恳求王映霞原谅，再试图用孩子唤回爱妻，对方已经不愿搭理。

谁能想到，当初羡煞世人的神仙眷侣，就这样以难堪的方式分道扬镳。

知心话

在这个物欲横流的年代，每个姑娘都面临着莫大的诱惑，尤其是在爱情方面。

他可能风度翩翩，他可能财力雄厚，他可能体贴温存，他可能细腻多情，于是，那些姑娘们不可避免地陷进了情网。爱情的火热让她们失去了思考和甄别的能力，或者说，她们压根就没有思考和甄别的想法，稀里糊涂的就犯了错，吃了苦。

她们不知道，温柔的背后或许藏着贫穷，富贵的背后或许藏着花心，体贴的背后或许藏着暴力，老实的背后藏着拖家带口的负累。

这些不重要吗？在为爱冲昏头脑的人看来，确实不重要，因为两心相悦就可以了；但是，从长远考虑，这些太重要了，它们就是硬件设施，决定了爱情是否会走得长远，走得顺遂。

别被甜言蜜语迷惑，别被海誓山盟左右，别被温柔贿赂。

年轻的姑娘们应该再理智一些，清醒一些，认清良人，才能结出良缘。

张幼仪：最坏的婚姻，最好的成长

都说婚姻是一座坟墓，葬了两个人的爱恨，其实，如果缘分真的尽了，如果情分真的耗完了，为什么不走出围城呢？为什么宁可苦苦地拖着、耗着、虚度着，也不肯给自己一个重生的机会？

一段坏的婚姻，并不应该是终点，而应该是我们新的起点。

苓是一个很优秀的女子，嫁给一个小有名气的诗人，当时是贪图他的柔情蜜意，后来才知道他的柔情蜜意也会给别人。这段婚姻早就千疮百孔，苓却一直忍耐。等对方提出离婚，她竟然犹豫了。

她不知道自己该不该就这样抽身而退，她怕离婚的事实让年仅三岁的女儿遭受打击，她怕自己离开之后过得更糟，她怕自己辛辛苦苦的付出和牺牲转眼就拱手让人。

她一边撑着悲剧一般的婚姻，一边算计着离开的成本，终究下不了离婚的决心，宁可在婚姻里半死不活着，也不给自己一次重生的机会。

错缘尽时，没有什么值得悲伤

世间有许多事情，说不清对错，比如徐志摩和张幼仪，他们各自有立场，却偏偏纠缠在一起，彼此伤心。如果说这是缘分，为什么两人都不曾幸福；如果说没有缘分，为什么结成连理？怪只怪这缘分不合时宜。

因为家里的安排，张幼仪十三岁订婚，十五岁嫁人，十八岁生子，开始了她长达八年的悲剧婚姻。这一切对徐志摩来说，都是负累，是"媒妁之言，受之于父母。"

她不是不好，贤惠端庄，如同暗香阵阵的梅花或水仙，但他喜欢的是热烈而扎手的玫瑰。况且，她连出现方式都是错的，带着他不满意的强制。

人人都夸张幼仪，"其人线条甚美，雅爱淡妆，沉默寡言，举止端庄，秀外慧中"，但徐志摩第一次看到张幼仪的照片，就嘲笑她是"乡下土包子"。

他的不喜欢是真的，他的傲慢和忽视也是真的，可以说，他针对的并不是张幼仪，换作另一个性格沉稳、相貌秀丽的未婚妻，他也会这样做。他最大的错误不是不喜欢，不是傲慢和无礼，而是无能为力地屈从了父母的安排。

他甚至可以厌恶张幼仪，但他不能在明知自己的厌恶后，还娶她进门，这对她没有丝毫的尊重，还毁了她半生。是的，他徐志摩是接受了新式教育的进步人士，是不愿意接受封建婚姻，那他为什么不向父母反抗？不向封建礼教反抗？而要将这些不满和愤怒发泄在张幼仪身上？

即使是婚后，徐志摩也很少用正眼瞧一瞧年轻的妻子，他视她如空气。但他们还得照样同房，在徐志摩看来，他只是履行基本的婚姻义务，满足父母抱孙子的愿望，可是对张幼仪来说，这是莫大的伤害和侮辱。她也是读过书的名门闺秀，凭什么让他这样对待？

张幼仪愿意忍让，作为妻子，她当然崇拜并顺从自己的丈夫，于是她兢兢业业地料理家务、养育孩子，照顾公婆、打理财务，试图得到丈夫的垂青。但这种付出并没有什么用，徐志摩反而更加认定她木讷、无趣和呆板，在儿子还未满月时，他一走了之，独自去了国外。

他是想摆脱婚姻和张幼仪，他也确实在国外过了两年潇洒自如的生活，但碍于父母和张家父兄的压力，他不得不松口答应，让张幼仪出国。

1920年冬，张幼仪离开上海，前往法国与徐志摩团聚。轮船驶进马赛港，她隔老远就认出了不修边幅的徐志摩："我斜倚着尾甲板，不耐烦地等着上岸，然后看到徐志摩站在东张西望的人群里。就在这时候，我的心凉了一大截。他穿着一件瘦长的黑色毛大衣，脖子上围了条白丝巾。虽然我从没看过他穿西装的样子，可是我晓得那是他。他的态度我一眼就看得出来，不会搞错的，因为他是那堆接船的人当中唯一露出不想到那儿表情的人。"

在由巴黎飞往伦敦的飞机上，张幼仪晕机呕吐，她再次从徐志摩口中听到了那让人心寒的五个字："乡下土包子！"

然而，更让人心寒的是，在他们同居后不久，张幼仪再次怀孕，而徐志摩正忙于追求林徽因，冷漠地勒令她打掉孩子。张幼仪不安地嗫嚅道："我听说有人因为打胎死掉了。"徐志摩却冷若冰霜地讽刺:"还有人因为坐火车死掉呢,难道你看到人家不坐火车了吗?"

他铁了心要离婚,她却还犹犹豫豫地不舍。

有一次,徐志摩带才女袁昌英到家中吃饭,这位身穿毛料海军裙装的袁小姐打扮入时,也很洋气,但那双脚却是缠过的,三寸金莲。袁昌英走后,徐志摩问张幼仪对客人印象如何,张幼仪直话直说:"她看起来很好,可是小脚与西装不搭调。"这句话就好像踩到了猫尾巴,徐志摩恼羞成怒,厉声尖叫道:"我就知道,所以我才想离婚!"

在徐志摩心里,他和张幼仪就像西装和小脚,是不搭调的,但是在张幼仪看来,离婚就是被休弃,她多少还有些传统道德观念,始终认为自己没有错,拒绝离婚。

眼看着产期越来越近,身在异乡的张幼仪孤苦无助,她只能依赖徐志摩,但徐志摩因为离婚不成,情绪低落,根本无暇关心她。况且,他一心追求林徽因,竟然跟着她回国了,匆匆将自己的妻儿托付给别人。

张幼仪独自生下了二儿子,好不容易等来徐志摩,他却递给她一份离婚协议书。这一次,她痛定思痛,在离婚协议书上签了字。

这是中国史上依据《民法》的第一桩西式文明离婚

真正的优雅·经得起岁月

案，也是张幼仪新生的起点。

扫尽尘埃，尽情演绎人生精彩

离婚后，张幼仪到巴黎投靠二哥张君劢，并随其去了德国。她一边在裴斯塔洛齐学院就读，一边照顾孩子，天意弄人的是，二儿子比得因病夭折了，她痛不欲生。

次年，八弟张禹九接她回上海，不久她便带着长子阿欢去北京读书。此时的张幼仪已经不再是昔日那个沉默内敛的女子，也不再是那个在封建礼教下拘谨的少妇，她就像受过风雨袭击的花草，零落之后，枝叶更加葳蕤，生命力更加顽强。

张幼仪的哥哥各个都有出息，四哥张嘉璈已经是中国银行副总裁，并主持上海各国银行事务，在他的支持下，张幼仪出任了上海女子商业银行副总裁。与此同时，八弟张禹九与徐志摩等四人在静安寺路开了一家云裳服装公司，张幼仪又出任该公司总经理。二哥张君劢主持成立了国家社会党，她又应邀管理该党财务，一时威风八面。

可以说，张幼仪完成了一次华美的逆袭，从受尽委屈的小媳妇转身成了女强人。连徐志摩也开始对她刮目相看，在写给陆小曼的信中，他这样称赞："C是个有志气有胆量的女子……她现在真是'什么都不怕'。"

张幼仪把自己的人生一分为二，"去德国前"和"去德国后"。去德国前，她大概是什么都怕，怕离婚，怕做错事，怕得不到丈夫的爱，委曲求全，可每每受到伤害；去德国后，她遭遇了人生的最沉重的怆痛，与丈夫离婚，心爱的儿子死在他乡，人生最晦暗时光，如一张大网，铺天盖地笼罩着她，一切都跌至谷底。伤痛让人清醒，也让人成长，她这才明白，人生任何事情，原来都要依靠自己。

她现在还有什么可怕的呢？事业有成，家人疼爱，孩子孝顺，甚至以前的公婆也对她如同亲生女儿。在张幼仪初到上海时，公公徐申如把海格路125号（华山路范园）的房产送给她，使她衣食无忧。不仅如此，徐申如还将家产一分为三：儿子徐志摩和陆小曼一份，孙子徐积锴和张幼仪一份，他们老两口一份。

除了失去徐志摩，她似乎没有任何损失，反而得到了更多。

1953年，张幼仪也遇到了自己的爱情，她在香港与邻居中医苏纪之结婚。婚前，她写信到美国征求儿子阿欢的意见："因为我是个寡妇，理应听我儿子的话。"儿子的回信情真意切："母孀居守节，逾三十年，生我抚我，鞠我育我……综母生平，殊少欢愉，母职已尽，母心宜慰，谁慰母氏？谁伴母氏？母如得人，儿请父事。"

她的余生安稳和幸福。

张幼仪曾对侄孙女说过一句耐人寻味的话："我要为离婚感谢徐志摩。若不是离婚，我可能永远都没办法找到我自己，也没办法成长。他使我得到解脱，变成另一个人。"

知心话

婚姻应该是一个女人的滋养品，而不是压榨。面对一个冷漠的男人，一段岌岌可危的关系，一个毫无温暖的家，我们为什么不选择放手呢？

离婚没有那么可怕，离婚也并不比别人可悲，人生本就不易，我们又何必为难自己？勉强和将就不会有幸福，强扭的瓜不甜，不如让彼此都解脱。

况且，失败的婚姻不是什么丢脸的事，不是什么伤疤，也不是被嘲笑的目标，它应该是教训，是成长，是一次总结。千万别用一场婚姻来判断自己的人生成败，要知道，一个人的不认可并不代表全世界的不认可，更好的婚姻可能等在后面，更适合的人可能等在不远处。

就像张幼仪，明明是一个值得被爱的女子，只是遇到了错误的人，耽误在一段错误的婚姻里，好在她及时走出来了。

与其纠缠，当真不如早日放手，活回自我。

张兆和：婚姻不易，且行且珍惜

　　春末初夏时，去凤凰古镇走一趟，能感受到不同于熙攘都市的清新，不管是文艺范儿的小酒家，还是别致的木屋石桥，都能戳中少女心底的浪漫情怀。几乎每家店的招牌上都写着沈从文《湘西散记》中那句："我行过许多地方的桥，看过许多次数的云，喝过许多种类的酒，却只爱过一个正当最好年龄的人。"

　　我有个朋友是沈从文的狂热粉丝，她老公是理工男，性格木讷，从认识到现在十多年的时间里，他从来没有任何惊喜和浪漫，连情话都没有说过一句。久而久之，朋友难免有些怨言：就不能说句好听的话吗？

是啊，有多少男人会像沈从文一样，即便婚后还是能给爱人写下许多唯美的情书，那一句句的情话是思念，也是牵挂，感动了无数人。

为爱而卑微，才是最初的错误

故事发生在1927年。十八岁的张兆和来到上海读书，那时的她，"额头饱满，鼻梁高挺，秀发齐耳，下巴稍尖，轮廓分明，清丽脱俗"，是个充满了阳光朝气的姑娘，因为皮肤有些黑，所以被朋友们称为"黑牡丹"。

沈从文是她的老师，操着浓重湖南口音，举止有些蹩脚。他第一次上讲台时，整个人既紧张又腼腆，甚至没办法将一整节课继续下去，他只能看着异常安静的教室，任由时间慢慢地过去，讲不出一句话。

底下的学生也都蒙了，他们没想到新来的任课老师竟然这么胆怯，不由得低声嗤笑。张兆和就是坐在教室里暗暗取笑他的学生之一，她并不知道，沈从文对自己一见钟情。

沈从文追求张兆和的过程是大胆无畏的，而且越战越勇，不顾师生的身份。

他们的故事也是从情书开始。

第一封的情书开头是这样写的："不知道为什么，我忽然爱上了你！"这样直截了当的告白并没有引起张兆和的注意，因为当时在学校里追求她的男生很多，单论相貌，沈从文就不出色，更不用提其他方面。带着少女独有的骄傲，张兆和并不理会这些追求者，在她看来，他们既无聊又无趣。

据说，沈从文是第十三个给张兆和写情书的人，但是，却是把情书写得最炙热浓烈的那一个。

"想到所爱的一个人的时候，血就流走得快了许多，全身就发热作寒；听到旁人提到这人的名字，就似乎又十分害怕，又十分快乐。"

"莫生我的气，许我在梦里用嘴吻你的脚，我的自卑处，是觉得如一个奴隶蹲到地下用嘴接近你的脚也近于十分亵渎了你的！"

"爱情使男人变成了傻子的同时，也变成了奴隶，不过，有幸碰到让你甘心做奴隶的女人，你也就不枉来这人世间走一遭。做奴隶算什么，就算是做牛做马，被五马分尸，大卸八块，也是应该豁出去的！"

......

这些火热的情书就像敲门声，一声一声扣在少女的心扉上。可是张兆和却一点都不为之所动，无奈之下，他决定走曲线救国的路线。

沈从文找到了张兆和的同宿舍女友王华莲，得知张兆和收到情书之后根本不看，他心里很难过，竟然当着王华莲的面痛哭起来。看着悲痛欲绝的沈从文，王华莲当真是心生反感，堂堂七尺男儿竟然动辄痛哭，这样的土包子哪里配得上张兆和？就这样，沈从文曲线救国的想法不仅没有实现，反而帮了倒忙。

无计可施的沈从文继续写信，信的内容变得微妙起来，他坦言自己在追求失败后的想法，一是抛弃从前，洗心革面重新来过，积极向上的生活，但是他自己都觉得这条路他根本不会走；二是选择消极的路，消极的路无非就是自杀，但是，沈从文还有第二条小路，那就是如信上所说："我不是说恐吓话……我总是……总会出一口气的！"

如果说他们之间有一台天平，那么，张兆和无疑是高高在上的那个。他的卑微，他的虔诚，他的火热，他的蛮横，他语焉不详的威胁，她看在眼里，却始终入不了心里，只当是麻烦。为了躲避他的纠缠，张兆和直接拿了信，告到校长胡适面前。

作为校长的胡适非常欣赏沈从文的文采，大概是文人惺惺相惜，所以，他并没有觉得沈从文唐突而无礼，他甚至极力地撮合这一对才子佳人。很多资料里都记录着胡适与张兆和的这样一段对话：

胡适："我知道沈从文顽固地爱你！"

张兆和："我顽固地不爱他！"

张兆和的性格可见一斑，她有主见，而且顽固。拗不过她的胡适写信给沈从文，胡适这样写道，"这个女子不能了解你，更不能了解你的爱，你错用情了……爱情不过是人生的一件事，那些说爱情是人生唯一的事，乃是妄人之言。我们要经得起成功，更要经得起失败。你千万不要挣扎，不要让一个小女子夸口说，她曾碎了沈从文的心……"

这封信固然是安慰好友的信，却被张兆和看到了，她在自己的日记中写道："胡先生只知道爱是可贵的，以为只要是诚意的就应当接受。他把事情看得太简单了，被爱者如果也爱他，是甘愿的接受，那当然没话说。他没有知道，如果被爱者不爱这献上爱的人，而只因他爱得诚挚就勉强接受了他，这人为地、非有两心互应的永恒结合，不但不是幸福的设计，终会酿成更大的麻烦与苦恼。"

不得不说，此时不到二十岁的张兆和是正确的，她对待爱情的态度，对待人生的态度是认真且严谨的。爱就是爱，不爱就是不爱，谁也不能左右，谁也不能改变。

对待爱情这件纯粹的事情，就要用最简单的是与否来回答。

爱情不可将就，婚姻却能妥协

尽管胡适出面没起到任何作用，但是沈从文却仍不放弃。

这时候，沈从文已经去了青岛教书，但是他仍一如既往地给张兆和写情书。此时，张兆和虽然对他依旧没有生出爱意，却也开始习惯接受沈从文的信。不过，她从不回信，这让苦苦等待的沈从文煎熬不已。

1932年夏天，沈从文从青岛跑到了张兆和的家里。

沈从文到了张家后，却得知张兆和去了图书馆，心灰意冷的他觉得这是她在故意躲避自己，心中不由难过。他黯然神伤地在张家门口徘徊，想着怎么也要等到张兆和回家，这时候，张兆和的二姐张允和碰巧回家，她问清沈从文的身份之后，邀请他去家里坐坐，但是沈从文却执意走了。

张兆和回家后，二姐张允和就把沈从文来过的事情告诉她，并且劝她主动去旅馆看望沈从文。张兆和拗不过姐姐，去旅馆见了沈从文，两个人甚至还一起回了趟张家。

从这以后，沈从文的追求越来越火热。因为张允和的帮忙和家里人的说和，张兆和对沈从文的抵触也渐渐松动了，慢慢接受了他。这时，内心焦急的沈从文从青岛给张兆和的父亲发来提亲电报："如果爸爸同意，就早点让我知道，让我这乡下人喝杯甜酒吧！"张家回电报说："乡下人，喝杯甜酒吧。"

寥寥数语就成了当时最甜蜜的电报，但是这甜蜜中，似乎还夹带着些许的辛酸。就这样，靠着沈从文的坚持不懈，他追了近十年的爱情终于结成正果。

1933 年，沈从文辞去青岛大学教职。9 月 9 日，二人在北京中央公园宣布结婚，婚礼十分简朴。

婚后的张兆和安心地做起了一个家庭主妇，她穿着蓝粗布袍子，对沈从文说："不许你逼我穿高跟鞋烫头发了，不许你因怕我把一双手弄粗糙为理由而不叫我洗衣服做事了，吃的东西无所谓好坏，穿的用的无所谓讲究不讲究，能够活下去已是造化。"

不得不说，张兆和是个朴素的女子，她不是小说里端着的女主角，更不是矫揉造作的闺房小姐，她非常清楚自己所处的境况，"能够活下去已是造化"，简短的一句话，道明了她对生活的要求，朴实中蕴藏着智慧。

最后的时光，有书信相伴

他们的婚姻就像是小河流水，平淡而长远，远没有外界传得那样浪漫动人。

"文革"时期，沈从文因创作内容被谩骂，扑面而来的指责令他患上抑郁症，于是，他搬到清华园疗养。之后几年的时间里，他和张兆和各自住着，在一个城市却不相见，靠的是书信的往来。

现在想想，他们的故事是由书信开始，也由书信结束。

二姐张允和在回忆录中记下了自己最后去看望沈从

文的情景：当时，她正打算告辞，沈从文却叫住她，从口袋里掏出一封皱巴巴的信。又哭又笑地，他把信举起来，面色十分羞涩而温柔。他说："这是三姐给我的第一封信。"

张允和想看，但是沈从文却像抓紧了放在自己的兜里，像个孩子一样哭了，哭着喃喃道，"三姐的第一封信……第一封……"

不久后，沈从文过世。

在他离开之后，张兆和开始整理他所有的信件和文字，编成了《从文家书》。晚年的张兆和曾经说过这样一段话，"六十多年过去了，面对书桌上这几组文字，我不知道是在梦中还是在翻阅别人的故事。从文同我相处，这一生，究竟是幸福还是不幸？得不到回答。我不理解他，不完全理解他。后来逐渐有了些理解，但是，真正懂得他的为人，懂得他一生承受的重压，是在整理编选他遗稿的现在。过去不知道的，现在知道了；过去不明白的，现在明白了……太晚了！为什么在他有生之年，不能发掘他，理解他，从各方面去帮助他，反而有那么多的矛盾得不到解决！悔之晚矣。"

知心话

我们最怕听到这样一句话："对不起，你很好，但是我们真的不适合。"

有时候，这是为了拒绝别人；有时候，这是提醒自己；有时候，这是一句伤人的实话。

爱情是没有道理可言的，没有对错，没有输赢，没有多少之分，可是真的有适不适合的区别。沈从文不爱张兆和吗？张兆和对沈从文没有感情吗？可她们依然不幸福。

但是，"适合"也不完全是天生的，可以靠后天磨合。在沈从文和张兆和的这段传奇故事里，如果她肯再多一点耐心，如果她肯多听听沈从文的心声，如果她肯多沟通，那么她不会在丧偶后才明白自己的失误和遗憾。同样的，如果他在两性关系中能自信一点，如果他对她能多一些了解，那么他不会让自己的婚姻以失败收场。

相爱之前，对爱人多一些了解，如果不适合，那么不用强行同路。

相守之后，对爱人多一些宽容，毕竟缘分得来不易，且行且珍惜。

何蕙珍：一个人的地老天荒

有时候，爱情真是一道难解的题。

表姐在三十九岁生日之前结束了单身生活，她要嫁的男人，是她青梅竹马的邻家哥哥。他们自小相识，从幼儿园到小学、中学，都是形影不离，直到两人考上不同的大学，渐渐少了联系。但表姐一直暗恋着他，这些年，看着他换了一个又一个女朋友，看着他结婚，看着他有了孩子，心里那点念想却始终没有放下。

或许，等待才是最长情的告白，尽管她知道，她等的那个人已有归宿。好在他和妻子感情不和，离了婚；好在他们终于走到一起。

她用了多少年，其中甘苦，无从知晓。这一场漫长无期的等待中，她又扮演了怎么样的角色，动了什么样的心思，使了怎么样的伎俩，外人无法评判。

她让我想起了何蕙珍，这个女人守着一段爱情独自老去，终生未嫁。

未曾开始就已结束

1899 年，梁启超应康有为之请，赴美国檀香山办理保皇会事宜。在檀香山，梁启超遇到了何蕙珍，引出了一段刻骨铭心的情感纠缠。

何家是保皇派的侨商，得知梁启超来檀香山，自然设宴招待，席间作陪的就是他芳龄二十的女儿何蕙珍。

何蕙珍自小在檀香山长大，接受西方教育，虽然年纪小，却已经担任了四年的学校英语教师，聪明伶俐，落落大方。在宴会上，她充当梁启超的英文翻译，一方面是因为她英文流利，另一方面，她偷偷仰慕梁启超很久了。

对何蕙珍来说，梁启超并不陌生，她熟悉他的每一篇著作，熟悉他的文笔风格，不免心生敬慕。于梁启超而言，初次见面的何蕙美丽优雅、谈吐非凡，在嘈杂的宴会场上仿佛独自绽放的莲花，清香怡人。况且她对他青睐有加，百般示好，两人虽然是头一次见面，却似多年好友，相谈甚欢。

这次会面还解开了梁启超心中的一个谜团。不久前，在檀香山当地，有敌对党派对梁启超进行舆论攻击，用词十分险恶。梁启超不服，无奈不懂英文，不能回击，只好置之不理。谁知，另一家英文报纸上出现了为梁启超辩护的连载文章，文词清丽，论述精辟，不仅熟谙梁启超的言论，还相当有见解，有力地回击了那些恶意攻讦。梁启超对撰文作者非常敬佩，无奈文章没有署名，他一直不知道这位志同道合的作者是何许人也。原来这些文章均是出自何蕙珍之手，这次见面，她更是拿出连载文章的手稿，请他指导。

翩翩佳人，偏生有胆有识，堪称红颜知己，梁启超心里不禁泛起涟漪。

对方的爱慕之情，梁启超不是感觉不到，但他没有想到的是，何蕙珍会大方而坦诚地说出爱慕之情，毫不遮掩，即使知道他已有家室。临别时，她更是真心实意的告白："我十分敬爱梁先生，今生或不能相遇，愿期诸来生，但得先生赐一小像，即遂心愿。"

梁启超将自己的照片赠与何蕙珍，而何蕙珍也将自己亲手织绣的精美小扇回赠梁启超。后来的日子里，两人书信来往，因为都是才学之士，又是志同道合之友，除了互诉衷情，他们还常常议论国是，指点江山，分析时局。

情深而无言，岁久而弥新。

朋友们看出了端倪，有人明里暗里地劝说梁启超，他既然不懂英文，在交际上确实有所不便，不如娶一位懂英文的夫人，何蕙珍就是绝好的人选。梁启超明确地拒绝了友人的提议，也算是拒绝了何蕙珍的爱慕。他说："我敬她爱她，也特别思念她，但是梁某已有妻子，昔时我曾与谭嗣同君创办'一夫一妻世界会'，我不能自食其言；再说我一颗头颅早已被清廷悬以十万之赏，连妻子都聚少散多，怎么能再去连累人家一个好女子呢？"

不是不爱，只是迫于种种原因，他宁可将这份感情封存。

过了数日，何小姐的英文教师宴请梁启超。席间，见到佳人，梁启超心情极为复杂，自觉有愧，辜负她一腔真情，不敢主动搭话。倒是何蕙珍落落大方，谈吐自如，分手之时，她说："先生他日维新成功后，不要忘了小妹。

真正的优雅，经得起岁月

但有创立女学堂之事，请来电召我，我必来。我之心唯有先生。"

明知无缘相守，仍将一颗芳心托付，情不可谓不深。梁启超同样动心，他自知辜负了佳人，将满腔情意和愧意都写在了诗里，其中有一首这样写道：

颇愧年来负盛名，天涯到处有逢迎；

识荆说项寻常事，第一知己总让卿。

守一剪月光的凄凉

提到这段有缘无分的感情，不得不提梁启超的妻子李惠仙，其实他也动过娶二房的念头，只是碍于妻子的情面。

早在 1900 年 5 月 24 日的一封家书中，梁启超就把檀岛遇见何蕙珍的事情说与李惠仙知。信中，他煞费苦心地讲述着对何蕙珍的态度，表示自己忍痛做出"万万有所不可"的决定。这就像一块敲门砖，意在试探，李惠仙听出了弦外之音，自然气恼。她给梁启超写了一封回信，大意是说：你不是女子，大可不必从一而终，如果真的喜欢何蕙珍，我准备禀告父亲大人为你做主，成全你们；如真的像你来信中所说的，就把它放在一边，不要挂在心上，保重身体要紧。

这李惠仙也是一位非常有才的女子，她既没有大吵大闹，也没有逆来顺受地允许这段情感继续发展、结果，她只是不无威胁地警告和提醒他：她会将此事禀报梁启超的父亲，然后由父亲做决断。

梁启超怎么敢让父亲知道？先不说李惠仙如何得父亲的喜欢，视为亲女儿一般，单说父亲的古板方正，是绝不会允许儿子娶二房的。这下子可了不得，梁启超急忙复信，求妻子手下留情，并再三向夫人表白，对何蕙珍已"一言决绝，以妹视之"。信中说：

"此事安可以禀堂上？卿必累我挨骂矣；即不挨骂，亦累老人生气。若未寄禀，请以后勿再提及可也。前信所言不过感彼诚心，余情缱绻，故为卿絮述，以一吐胸中之结耳。以理以势论之，岂能有此妄想。吾之此身，为众人所仰望，一举一动，报章登之，街巷传之，今日所为何来？君父在忧危，家国在患难，今为公事游历，而无端牵涉儿女之事，天下之人岂能谅我……任公血性男子，岂真太上忘情者哉。其于蕙珍，亦发乎情，止乎礼义而已。"

梁启超以理智锁住情感，结束了这场苦恋。

对于何蕙珍来说，这个结果当然过于残酷，但是对一个家庭而言，梁启超的所作所为十分正确，况且，此时国内形势急剧恶化，斗争十分残酷，他已没有时间沉溺于儿女私情。

放下的感情就再也没有拾起来。

李惠仙病逝后，何蕙珍再次从檀岛赶来，但梁启超仍然婉辞。她黯然离去，终生未嫁，依然在等他。

她一生爱他、懂他、追随他，而他一生亦是敬她、念她、珍惜她的，尽管没有相守相伴，依然刻骨铭心。

有时候，爱是一个人的事。

知心话

人的一生会遇到很多人，有的人和你谈一场恋爱，有的人与你永结连理，这两种人是完全不同的。谈恋爱的人，会停下来陪着你，却不会改变自己的行程，他随时都可能启程；结婚的人，会放弃之前自己的路，愿意和你走同一条路，无论路途多么遥远和崎岖，他会陪着你；当然，在与你结婚的人中还有一些人无法陪你走到最后，或许是退缩了、胆怯了，或许是离开了、走散了。

选对一个人，是我们一生中非常重要的事情，也是最美好的事情。只有对的人，才配得起自己漫长的等待：

炊烟袅袅中，等待着一个人的归来，心里念着那人夕阳西下几时回；又到深秋，撒满叶子的地面踩上去咯吱作响，听着等着，就在枯树下也怡然自得；当我们都老了，是你先离开，还是我先都不再重要，因为，不是我在这个世界等着去找你，便是我在那个世界等着你来找我。

宋清如：岁月静好，从容不惊

看电视剧《微微一笑很倾城》，女主角贝微微让人惊艳，她淡定而优雅，轻盈而柔和，如和风细雨，不论是生气还是兴奋，波澜不惊，快乐时会有恰到好处的小雀跃，难过时也有溢于言表的小悲伤。

喜欢这样的女子，在岁月中从容不惊。

筱箩就是如此，她喜欢画画，喜欢一首经典老歌无限循环，喜欢在午后捧一本书细读。或许有人会觉得她无聊，但我却喜欢她的安然淡雅。

记得有一次聚餐，熊孩子们像是脱了缰的小马驹，本来想聊聊天的姐妹们不得不开启河东狮吼模式，唯独筱箩细声细语，尽管她没有大吼，没有发怒，话里话外也是老生常谈，但孩子却格外听从，乖乖地安静下来。

她的轻柔，就像春风迎面，能安抚情绪，打动人心。

筱箩对待爱人也是如此耐心和温柔，他们夫妇很恩爱，所以，在爱人车祸离世后，她带着孩子独过。每每遇到别人的同情、可惜、嘲讽或是不怀好意的打探，她也不急不恼，微微一笑，仍旧过自己的生活。

金风玉露相逢如旧

"我一天一天明白你的平凡，同时却一天一天愈更深切地爱你。你如照镜子，你不会看得见你特别好的所在，但你如走进我的心里来时，你一定能知道自己是怎样好法。"

这句话摘自朱生豪的情书，写给宋清如的情书。

和很多才子一样，朱生豪写得一手好情书，在情书里倾诉衷肠；和很多文人不一样，朱生豪之所以让人心生敬佩，是因为他只写给过一个女人。

这个女人就是宋清如，她是他爱情的女主角，唯一的，永恒的。

提起宋清如，她的名字在名媛才女当道的民国似乎并没有那么响亮，她活得低调而清雅，就如同她的名字。宋清如毕业于苏州女子师范学校，因为享受过公费待遇，不能考取国立大学，她不得已进入了美国教会大学，成为杭州之江大学的一名学生。在这里，她遇到了朱生豪，一个与她相识、相知、相爱的男子。

生活中常常充满了这样偶然又必然的机遇，在不经意间，我们遇到一个人，拐了一个弯，然后改变一段人生轨迹。宋清如入读杭州之江大学是出于无奈，而嘉兴小伙子朱生豪考取杭州之江大学，则更像是人生的定数。

命运的力量把他们俩凑在一起。

出生于小商人家庭的朱生豪，原本也是家庭富裕，拥有一座大宅子，"房屋和庭园各占一半，因此空气真是非常好，有一个爽朗的庭心，两个较大的园子，几个小天井，前后门都有小河通着南湖"。

但是，在父母几乎同时离世之后，原本衣食无忧的生活变得渐渐地窘迫起来。朱生豪是三兄弟中排行老大，他要忍受着丧父丧母之痛，还要负责照顾两个弟弟，变故让他瞬间就长大了，长成一个格外沉静、敏感、孤僻，沉默寡言的少年。

他希望通过学习改变自己的命运，而他也的确做到了。在宋清如入学的那一年，朱生豪也成功地被推荐到杭州之江大学。

入学后，总有很多新生活动，比如，在之江大学就有一个之江诗社，是让爱好文学的学生们在一起讨论、学习的地方。宋清如很喜欢写诗，尤其是新诗，所以，她将自己准备的宝塔诗拿到诗社，希望能够让前辈点评，而朱生豪此时已经是小有名气的才子了。他看到宋清如的诗之后并没有点评，面无表情地离开了。

宋清如以为自己水平有限，为此还郁郁寡欢，让人意外的是，朱生豪在三天之后写了一封信给她，信中附上三首新诗。

这次通信之后，他们因诗结缘，受到朱生豪的影响，宋清如还开始学习旧诗词。渐渐地，她就开始不再写新诗。

在接下来的十多年里，书信一直连接着他们。

因为家庭的原因，朱生豪早早地离开了学校，而宋清如还在杭州继续学业。他们依然通过书信联系，她向他讨教作诗的事情，他则毫不避讳地表达自己的爱意和想念。

云中谁寄锦书来，都是情人相思意。

据说，在那些情书里，朱生豪对宋清如的称呼多达十七种，而他自己的落款也是稀奇古怪。

书信给性格内向的朱生豪有了更多展示才华的机会，也让他有了倾诉对宋清如相思之情的舞台。借助着笔墨纸砚，他将自己的惆怅、相思、烦恼和浓郁的爱都写下来，情真意切、缱绻缠绵地一封封地寄向宋清如。

每一封信上都是他对她的爱与承诺，他会将自己在异地的境遇和心情写在信中，事无巨细，不仅仅是甜蜜，还有恐慌，甚至是寂寞孤独与颓废。

因为爱你，所以我对你毫无隐瞒。

宋清如的回信则含蓄委婉得多，她的文字就像诗歌，细致而柔美，又像一汪涓涓细流，无声而动人。就这样，他们两个人的通信长达十年之久，尽管没有见面，没有明确恋爱关系，但彼此已经情根深种。

郎有才，女有貌，情投意合，就像春风吹开花，一切都刚刚好。

叶落秋风萧瑟声声

在他们结婚之前，朱生豪就开始翻译莎士比亚戏剧，他曾经表示，他会将译作送给宋清如做礼物。但是，直到他临终的时候，他仍然没有完成所有的译作，是宋清如拖着重病的身子将译作完成，说起来颇有几分凄美。

得成比目何辞死，只羡鸳鸯不羡仙，谁能想到这恩爱的背后藏着无数艰辛呢。

十年的书信长跑结束，他们举行了一场简单而隆重的婚礼。当时，一代词宗夏承焘为新婚伉俪题下"才子佳人，柴米夫妻"八个大字。

浪漫的爱情变成了务实的婚姻生活，宋清如从才女转身成为主妇，从诗歌的世界中走进了油盐酱醋的世界。朱生豪在妻子的帮护下，每天"闭户家居，摈绝外务"，一门心思地翻译者莎士比亚的作品。

生活虽然清苦，但他们两人甜蜜如初，一个温柔体贴，一个心怀感激，苦日子里也熬出了甘甜。可惜好景不长，困顿不堪的日子和超负荷的工作，让朱生豪原本就单薄的身子一下子就垮了。

这段美好的婚姻只维系了三年多，朱生豪就带着对爱妻和儿子的留恋，带着对未完成莎士比亚戏剧翻译的遗憾，离开了这个世界。

逝者已逝，生者独悲伤。

当时的宋清如痛不欲生，她曾经写下这样的文字："你的死亡，带走了我的快乐，也带走了我的悲哀。人间哪有比眼睁睁看着自己最亲爱的人由病痛而致绝命时那样更惨痛的事！痛苦撕毁了我的灵魂，煎干了我的眼泪。活着的不再是我自己，只似烧残了的灰烬，枯竭了的古泉，再爆不起火花，漾不起漪涟。"

宋清如柔软似藤花，但是为了孩子，为了完成丈夫的事业，她变得无比坚韧。她独自远赴四川，在朱生豪弟弟的相助之下，完成了朱生豪生前未完成的翻译事业，但是，在译作完成之后，出版社却告知已经把朱生豪的翻译任务转托他人，她的译作毫无作用。更想不到的是，一场意外的失火，将她费尽心思整理的译作付之一炬。

宋清如心痛不已，但她并没有因此萎靡不振。对她来说，完成翻译，就是自己和朱生豪的一个约定，她做到了，他一定会知道的，至于结果，那便不重要。

遗憾终究是遗憾，对于宋清如而言，最大的遗憾，应该就是朱生豪的早逝，令她在漫长的岁月中承载了太多的记忆。那些记忆写在纸笺上，却刻在她的心中，朱生豪曾经说："要是我们两人一同在雨声里做梦，那境界是如何不同，或者一同在雨声里失眠，那也是何等有味。"

与他相别的宋清如在经历了多个无眠之夜后，终于与他相逢。对于宋清如来说，这或许是解脱，就像他曾经送给她的情诗："卿似秋风，侬似萧萧叶。叶落寒阶生暗泣，秋风一去无消息。"

知心话

很多人都说美丽的爱情不一定有美丽的婚姻，婚姻和爱情截然不同，其实这样的观点未免偏激了，婚姻从来不是坟墓，爱情也不会无故消失。

美好的爱情是婚姻的前序，美满的婚姻又会是爱情的延续。

还有人说美好的婚姻和富裕的物质基础有关，从来没有舍弃面包，追求爱情的例子，因为"贫贱夫妻百日哀"。其实这样观点同样偏激，婚姻里必须有物质，但绝对不是只有物质就可以的。

男女的结合是因为爱，是因为志同道合，是因为惺惺相惜，经济、分别、摩擦，它都不会损害婚姻。

　　婚姻应该是爱情的升华，因为有爱情在，婚姻才能长久。因为有爱情在，婚姻才可以一直甜蜜而和睦。

潘玉良：苦难，是人生的一笔财富

前阵子看了央视《寻找最美少年》的颁奖晚会，向来不喜欢矫情的我竟几度哽咽，最后更是看得泪流满面。我为少年们在困境中的坚强而震撼，为他们在艰难中撑起一个家的勇气而感动。

那是一群在苦难中成长的孩子，就像沙漠中的仙人掌，活得粗糙，活得艰难，被汗水浇灌着长大。但他们却始终没有放弃，最终开出绚烂的花。

不是所有的人都生来幸福，更多的人是不停地跌倒、不停地爬起、不停地挣扎，但是，只要面对困境，勇敢前行，这种跋山涉水最后会通向桃花源，带来更广阔的天地和风景。

苦难从来都不可怕，它是一座等着被征服的山，等爬过去了，那就是成功的垫脚石。

天涯不知归路只需前行

说起民国的女画家，并不少见，潘玉良是其中的佼佼者。一来，她天赋过人；二来，她是草根出身，而且半路出家，但却不输给那些根正苗红的艺术学院的女学生。

很少有人知道，潘玉良是徐悲鸿的同学。她低调，相貌平平，似乎从来不惹人注意。

看过潘玉良的照片或是自画像后，或许大家会失望，很难想象一个女画家竟然长得如此平实，没有一点文艺气息，没有一点艺术感，不美艳，也不诗意。但是，她的画却有股说不出的意味，真诚而坦白，正如她的人生一样，经过坎坷，返璞归真。

电影《画魂》里，潘玉良是大美女李嘉欣饰演的，她一颦一笑都美不胜收，更别提梨花带雨，简直就像一幅画。殊不知，正是因为她的美毁了整个电影，这不是潘玉良，皮相不是，灵魂更不是。另一个曾经扮演潘玉良的演员巩俐，也是败笔在太过优美，因为潘玉良的美不是外在，而是骨子里的，哪怕五官不惊艳，那股韧性和生机也无法掩饰。

正是因为不够美，才能体现出她人生的传奇。

如果潘玉良美艳如李嘉欣，那她的故事就少了几分引人入胜的跌宕，多了些理所当然：因为漂亮，所以她被卖到妓院；因为漂亮，她让潘赞化生出怜香惜玉的想法，施手援救；因为漂亮，潘赞化大张旗鼓娶了她做妾，给她介绍老师学画，资助她出国。如果她真的美若天仙，这一切都有了合理的解释，但偏偏她不是美人，这一切便有了传奇的意味，因为英雄救美不稀奇，但英雄救"丑"就耐人寻味了。

因为"丑"，才更显难得，美女凭借外貌能轻松获得的捷径，她是仰仗着才华和能力。

潘玉良本不姓潘，她姓陈，因为父母自幼双亡，所以跟着舅舅一起生活。舅舅是个大赌鬼，在一次输钱之后，把她卖到了妓院。也许是长相实在不出挑，她在妓院里只是个劈柴、烧火、干粗活的粗使丫头。这倒是因祸得福了，那张不漂亮的脸反而保护了她，避免了一些骚扰和践踏，潘玉良倒也愿意干这些粗活打发时间。但是，随着她越长越大，即使没有姿色，那也是要接客的。

为了躲避老鸨的逼迫，潘玉良一次次从妓院出逃，然后一次次被抓回来，遭遇毒打和囚禁。她不想接客，想尽了办法，跳水、上吊、绝食，竟然没有一个成功的。

心生绝望的潘玉良在妓院里唱歌，悲戚的歌声引起了潘赞化的注意。当时，潘赞化是芜湖盐都督，曾经在日本留学，是个新派人物。他被潘玉良的歌声所吸引，见到她本人时，又怜惜她孤苦的身世和刚烈的性格，于是决定为她赎身。

潘玉良就这么跟着自己的恩人离开了妓院，尽管她对这位恩人了解不多。其实，能够伸手援助一个长相乏善可陈且脾气不小的姑娘，潘赞化肯定不是凡夫俗子，潘玉良大概也想到了，所以她才放心地跟从他，心生感激与敬佩。

原本，潘赞化只是路见不平，拔刀相助，并没有什么企图，更别说对潘玉良有什么绮念。他打算送潘玉良离开，但潘玉良一心想要报恩，她不仅主动提出留在他身边，还将自己的姓改成了"潘"，以此表示决心。

这个小姑娘身上有太多的闪光点，即使没有美貌，也依然让人心折。潘赞化最后还是心动了，他将她留在身边，并且纳她为妾，也算是给了她一个正大光明的名分。

他仍然觉得委屈了她，顶着巨大的舆论压力，举办了婚礼。

如今，我们再看这段往事，这确实是个俗气的故事，唯一不俗气的就是女主角。不管再过多少年，不管再怎么变迁，她始终那么独一无二，她用自己的才华终结了苦难，改写了人生，不是因为美貌，也不是因为爱情。

将寂寞坐穿方才重拾喧嚣

结婚后，潘赞化并没有让潘玉良做一个温良恭谨的小妾，相反，他鼓励她学习，鼓励她做自己。因为她喜欢画画，他就教她画画，还特意给她请来老师。

或许是知道这个小姑娘之前受过了太多的苦，所以，潘赞化的爱像父兄，像老师，又像情人。他无微不至，在物质上对她关照有加，在精神上也并不吝惜指导：他手把手教她绘画，细心地安排她去跟各个老师学习，沮丧时鼓励她，进步时夸赞她。

她的绘画天赋就是他一手发掘的。

潘玉良是真心热爱绘画，她不想局限于在家里的自娱自乐，而是要正经八百地接受专业培训。潘赞化毫无条件地支持，于是，她先是考上了上海专业的美术学校，然后又远渡重洋跑到巴黎学画，而这些都得益于他在背后的支持。

那个时候会画画的女子不少，陆小曼、凌淑华……哪个才女不会画上几笔？山水草木，花鸟虫鱼，说起来都是诗意，但唯独潘玉良有趣，她一开始就画裸体女子，这简直就是冒天下之大不韪。

在那个年代，政府是不允许人们画裸体的，更没有模特之说。为了画女性裸体，潘玉良溜进公共浴室里，偷偷地画。在被发现后，那些洗澡的女人追着她，舆论更是指责她荒谬，一时间，她找不到模特可以入画。有一天，她站在镜子前脱光了衣服，灵光一现，她发现自己也是一个很好的模特，这样就不用再去浴室偷偷画了。

潘玉良就是这么特立独行，不只是在绘画上，她在生活中的言行举止也与别人不同。她从来不拘小节，彪悍是出了名的，有些行为即使到现在也有人很难接受。比如，有一次同学们一起写生，潘玉良尿急，她就直接翻到一个塔墙圈里解决。这时候有一群男同学过来，同学让她快出来，她却不以为然地说："谁怕他们！他们管得着我撒尿吗？"

她还经常语出惊人："公狗比男人好，至少公狗不会泄露人的隐私。"这样出格的言论，在那个年代自然引来很多人的不满，这些人讲究所谓的"体面"，容不下一个异类似的潘玉良，于是，他们挖掘出她当年曾入妓院的旧事，借题发挥，甚至要求她退学，喊出"誓不与妓女同校"的旗号。

在其他人的诽谤和非议中，还好有潘赞化的理解与支持。他告诉她，这不是她个人的错，而是这个落后的愚昧的环境有错，他鼓励她去探索更广阔的天地，将她送上了去法国的邮轮。

潘玉良不负众望，在法国考上了里昂国立美术专科学校，与徐悲鸿同校，专攻油画。学业结束之后，她回国，和徐悲鸿一样当起了美院的教授，并出版画册，举办展览。

尽管她已经很出色了，很多人表面上尊重她，但背地里还是免不了议论她早年的遭遇，明明是身不由己，却被说成咎由自取。总之，所有的人都希望看到潘玉良低微地向他们示好，不过，"坏脾气"的潘玉良可不觉得自己有什么"污点"，一如既往地做自己。

终于，潘玉良的态度惹怒了一些当局者，即便有徐悲鸿的帮助，潘玉良仍然身陷险境，生活得并不快乐。于是，她再次选择前往法国。这一次，离别即是永别，临行前潘赞化将蔡锷赠予自己的怀表送给潘玉良，或许，他们都有预感，余生里很难再见面了。

潘玉良竟再也没有回到故土。

从相依相伴到生死相别，潘玉良没有成为那个陪伴潘赞化终老的女子，却成了享誉海内外的著名女画家。她吃的那些苦，经历的那些坎坷，尝到的那些心酸，走过的艰难的路，都变成红地毯，铺向光明的终点。

她自己就是传奇，不因为任何人。

知心话

对女人来说，什么是最重要的？

是貌美的容颜，还是具有优雅的内心？是和睦的性格，还是特立独行的傲然？其实，对于女人而言，最重要的是自信和面对生活的勇气。

有了自信与勇气，她们往往会神采飞扬、不做作、不矫情、不服输。人生的路那么长，生活的风浪那么多，眼前的迷雾那么厚，但她们无所畏惧。

苦难算什么呢，那只是一种手段，磨去她们身上的尘埃，露出珍珠的光华。

哪怕黑夜再长，她们耐得住寂寞，抵抗得了恐惧，一个人摸索着向前，最后迎来光明；哪怕风雨再大，她们不需要别人递过来的伞，也不羡慕坐在宝马车里的同伴，而是努力地奔跑，找到一片屋檐；哪怕诋毁再多，她们也不会低下头，坚持自己的，坚持对的。

能吃苦的女人，才会是真正的赢家。

潘　素：婚姻的真谛是彼此宽宥

婚姻的真谛是什么？

今天在地铁上，我身旁坐了三位已婚人士，衣着亮丽，妆容精致，可惜眉宇间有一抹挥之不去的抑郁。

一个说："我真是受不了，你知道我老公有多么不靠谱吗？我生日他都忘记了，别说送礼物，在公司加班到深夜。加班、加班、加班，一年三百六十五天，他有三百六十天在加班。"

一个说："我老公更不像话，应酬多得不行，这几天都是醉醺醺的回来。我怕他在外面乱来，千叮咛万嘱咐，让他不要喝酒，他压根不听，还跟我说什么饭桌上哪有不喝酒的。"

一个说："你们还好，至少老公有本事，能挣钱啊。你看我老公，上班上得好好的，突然就要辞职，搞什么创业，创业是这么容易的吗？他怎么不想想，要是搞砸了，我和孩子怎么办？喝西北风去？"

都说家家有本难念的经，这三个女人的婚姻似乎都不幸福。但是，真的都是老公的责任吗？她们就没有任何过错吗？那些抱怨是正确而合情理的吗？

婚姻是什么？是两个人同舟共济，是两个人同心协力，是两个人经营。即便有误解、不满、怨忿，唯有设身处地的体贴，才能懂得宽宥，而宽宥彼此，方得长久。

相爱，悠然禅意愿与你双宿双飞

潘素是个美人，举止落落大方，精通琴棋书画，尤其是弹得一手好琵琶。

这样出色的女子，自然不缺乏追求者。在潘素刚刚二十岁时，她便已经名花有主，与国民党中将臧卓谈婚论嫁。偏偏这个时候，她遇到了张伯驹。

张伯驹是个风流倜傥的人物，作为民国四公子之一，他身份显赫，才情绝世，不过这位少爷不喜军政，不恋功名，只喜欢谈风月、讲诗书，对戏曲、古玩和丹青无一不晓，无一不知。

张伯驹对潘素一见钟情，还特意为她写诗："潘步掌中轻，十步香尘生罗袜；妃弹塞上曲，千秋胡语入琵琶。"他形容她是被迫出塞的昭君，空有美貌和才情，却身不由己。

这个翩翩世家公子好似知音，一下子就撩动了潘素的芳心。

才子佳人，本是良缘，却注定不能一帆风顺。臧卓知道潘素与张伯驹的恋情之后，简直怒不可遏，他找机会将潘素软禁了，紧锣密鼓地开始筹备婚事。正处于热恋中的张伯驹心焦如焚，但是上海不是北京，他力有未逮，纵使急得像是热锅上的蚂蚁，却也无济于事。好在张伯驹的朋友及时挺身而出，部署了一番，打算帮助这对有情人。

此时的潘素同样焦灼，被囚禁的她失去人身自由，没办法向外面透出半点信息，每日面对臧卓的逼婚，只能以泪洗面。但正是这段时间的煎熬和无助，让她看清了自己的心，她对张伯驹不是敷衍，而是货真价实的动心。

她的情意没有被辜负，张伯驹真的如同英雄一样现身，救她于危难。

一天夜里，一直隐匿在附近的张伯驹，买通了门卫，趁着臧卓不在，偷偷溜进那栋软禁潘素的小楼，带着她连夜逃跑。此时，他的朋友开车候在门外。

就这样，两个真心相爱的人一同渡过了这次难关，走到了一起。

他们离开了上海，回到张伯驹的家乡苏州，在那里，两人举办了婚礼。虽然只是做他的第四房妾室，但潘素无怨无悔，从此以后，轰动上海滩的潘妃成了历史，取而代之的则是与张伯驹一生相扶持的著名女画家潘素。

洗尽铅华，从头再来，放下弹得出神入化的琵琶，手执墨笔，画得一幅好画，这就是潘素。

因为遇到张伯驹，她发掘了最好的自己。

说起来，潘素的经历和潘玉良类似，沦落风尘，而后遇见良人，最后转学画技，成为一代名流。但潘素并不完全是半路出家，实际上她从小就学画，而且天赋极高，只是因为继母的嫉妒而沦落青楼，不得不放弃琴棋书画，学得声乐，取悦客人。世人只知道她能弹琵琶，却鲜有人知晓她也是擅长绘画的女子，唯独张伯驹慧眼识珠，没见过

真正的优雅·经得起岁月

她的画，却看出她的蕙质兰心，认定她在艺术上有极高的天赋。

爱情最难得的就是这份懂得，都说文人相轻，但张伯驹在发现潘素绘画上的天分后反而大加赞赏，他是那个真正懂她的人，他也愿做她的伯乐，他甚至手把手地教她，洗净那些蒙在明珠上的灰尘，让她绽放光彩。

他带她访遍名山大川、寻尽鸿儒雅士；他给她引荐各路老师，让她学画花鸟，最后就连张大千都曾赞她的画："神韵高古，直逼唐人，谓为杨升可也，非五代以后所能望其项背。"

他们常常一人作画，一人题字。她的画，素雅空灵中透着温和宁静；他的字，潇洒飘逸中显露出闲散风雅。一个是天赋异禀的女画家，一个是才华横溢的贵公子，如此二人，真真是珠联璧合，男才女貌。

相守，待到华丽转身是回不去的浪漫

张伯驹在娶潘素之前，家中已有三房妻妾，有父母包办的婚姻，也有怜香惜玉的艳遇。年少时，他本来就是翩翩多情的公子哥儿，卧柳眠花，风流倜傥，曾为上流社会所称道，但在遇见潘素之后，一切罗曼史都与他绝了缘。

张伯驹的后半生很坎坷，落魄不堪，几位妻妾都陆续与他离婚，唯有潘素选择留在他身边，相伴一生。

张伯驹最爱的就是收藏，家里古玩、珍奇不少，赶上局势动荡，为了不让国宝古董流落海外，他更是倾家荡产，以高额拍价收购这些古玩。身边的亲人好友都指责他是败家子，唯有潘素理解他、支持他。1941 年，汪伪政府的一位师长看上了张家收藏的珍奇字画，便绑架了张伯驹，然后放话给潘素：不拿出三百万赎金就休想赎人。潘素知晓那些藏品对张伯驹的意义，她一件藏品都不肯变卖，但她同样心疼丈夫，于是忍痛变卖了自己的首饰，四处奔走求助，终于凑齐二十根金条赎回张伯驹。

1967 年后，张家彻底地败落了，张伯驹这个曾经的贵气公子变成了落魄老叟，潘素却仍然不离不弃，通过替人画书签赚钱养家。

1975 年，张伯驹年近耄耋，与爱妻潘素小别，到定居西安的女儿家里暂住。即便是短暂的分别，他对她还是深情款款，写了首《鹊桥仙》给她：

不求蛛巧，长安鸠拙，何羡神仙同度。

百年夫妇百年恩，纵沧海，石填难数。

白头共咏，黛眉重画，柳暗花明有路。

两情一命永相怜，从未解，秦朝楚暮。

那时候他们的婚姻已将近四十年，却仍相濡以沫，爱意不减当年。七年后，他去世，十年后，她也随之而去。

知心话

婚姻需要经营，需要两个人的努力。

在锅碗瓢盆的碰撞中，谁不会犯错？谁不会疲倦？谁不会开小差？谁不会行差踏错？这些大大小小的瑕疵，就像一只只虱子，爬满了生活这件袍子，让人膈应，也让人心痒，想挠一挠。

可是，我们要因噎废食吗？婚姻不是一个人的事，出了问题，有了嫌隙，我们该做的是调和，而不是一味地抱怨。

人无完人，婚姻更是考验人性，我们应该学着宽宥，应该学着体贴和换位思考，才能走得更长远。爱情固然重要，固然伟大，但我们不可能永远仗着对方的爱任性、恣意、我行我素。当一方在苛责另一方时，当一方极力索取另一方时，这段关系便失衡了，为什么我们不能试着理解呢？他有错，难道没有苦衷吗？难道我们就真的无辜吗？

爱是锋芒毕露，婚姻是相互包容；

爱是势均力敌的，婚姻是静水流深的；

爱是争执，婚姻是宽宥。

严仁美：女人如花，优雅绽放

好友最近恋爱了，笑靥如花地来问我：你相信一见钟情吗？她和男友在宴会上认识，彼此都生出好感，以迅雷不及掩耳之势在一起了。

说实话，我并不相信一见钟情，那大概是荷尔蒙作祟。

我曾经见过一对恋人，也是一见钟情，迅速坠入爱河，然而短短两个月，他们便各自另结新欢；我也见过一对夫妻，因为一见钟情，热恋不过半月，很快结婚领证，然而结婚后两人都后悔了，"了解太少，他就像个骗子。"

但是一见钟情真的不存在吗？那倒未必，我有个远房姐姐，在相亲时，一眼相中了对方，从认识到结婚用了一个月的时间。尽管大家都不看好她的婚姻，可这位姐姐却过得很幸福，不仅携手走过了十年，还生了一对冰雪可爱的双胞胎。

一见钟情，是一种缘分吧，精挑细选的婚姻未必幸福，突如其来的心动未必不靠谱。

精挑细选的婚姻仅是桎梏

看到严仁美的照片，第一反应就是，这样的女子当真是优雅！

严仁美六岁丧母，之后便与太婆一起生活，等到七八岁的时候，就进入了启秀女校读书，当时启秀女校的校长是她后母的姑妈，也算是对她颇有些照顾。在十岁那年，她又转学到中西女中，因为她的五姑姑大学毕业，在中西女中任职，

中西女中是很著名的贵族学校，不乏名流小姐、才女佳人，严仁美很快融入了她们。她就读的年级总共有九十

个学生，其中有个亲密的八人姐妹团，除了严仁美，另外七个都是豪门望族的名媛闺秀，有民国财政部次长张寿镛的女儿张涵芬、黄楚九的女儿黄惠宝、中国驻法国大使的女儿唐民贞、福建富商林家的小姐林樱、苏州洞庭席家的外孙女沈幽芬等。

在这样一所学校读书，按理，她的父亲应该很放心，但是，在严仁美读完初二之后，父亲开始禁止她上学，原因是家族里发生了一起逃婚事件。所谓的逃婚，不过是读了书的女孩子，见了世面，不同意家中安排的封建婚姻，毅然决然地离开家。

明明是颇具胆识的创举，但却折了长辈的脸面，整个家族都感到非常震惊，严仁美的父亲也不例外。他担心女儿也变得"不服管教"，他觉得这是女孩子读了书的缘故，因此，他开始阻止严仁美继续读书。

严仁美当然不肯，他便提出条件，要求她各科目的成绩都要拿九十分，才可以继续读书。结果，严仁美不仅做到了每科都拿九十分，而且还考了全年级的第一名。为了阻拦女儿，严仁美的父亲不得不使出杀手锏，他告诉严仁美，她已经许配人家了。

严仁美既震惊又意外，原来，她六姑结婚时，苏州小马家有人来贺喜。这个小马家开义隆钱庄，还有当铺、米店等产业，家底殷实，马家找人传话过来，说他们看中了严仁美，想娶为儿媳，一再上门提亲，声称无论什么条件都答应。对方求娶心切，一方面是因为严仁美的确漂亮，二来，马家的太太正生重病，急需"冲喜"。严父经过一番考虑和掂量，觉得小马家不错，就在严仁美不知道的情况下定了这门婚事。

严仁美一口回绝了，她气愤不已，为了抗拒这门亲事，她甚至开始绝食。结果，她真的因为这事生了病，不得不中断学业，去杭州养身体。严仁美的父亲认定了婚事，这场父女间的拉锯战最后还是以她的失败告终，一年之后，她向父亲妥协了，但也提出了自己的条件：嫁人可以，不过，她要继续上学。

就这样，严仁美嫁到了父亲为她精心挑选的小马家。婚后，马家夫人的病果真好了起来，合家上下对严仁美很是喜欢，也同意让她继续读书，于是她一边当着阔太太，一边求学，这样的日子看着也很幸福美满。

一年后，严仁美怀孕了，无法再去学校，新婚的小夫妻还是很恩爱的，丈夫还专门请了英国教师，在家让她学英语、社交。但是，这种和谐只是一时的，马家虽多年

真正的优雅，经得起岁月

经商，见多识广，但本质上还是旧式家庭，跟严家崇尚洋务、注重实业有很大不同。他们夫妇一个是出身旧式家庭的少爷，一个是出身洋务家族的新女性，在思想观念、生活习惯等方面都格格不入。

严仁美的丈夫是个被宠坏的大少爷，虽然长得英俊潇洒，但不思进取，沉迷于玩乐，和严仁美并没有太多的共同话题，更别说志同道合。和其他公子哥儿一样，他还风流多情，惹了一些情债，这让原本就没什么感情基础的婚姻，更加岌岌可危。

严仁美不是传统的女性，不会一味妥协与容忍，所以，在这个牢笼中待得越久，她越觉得窒息，而离婚就是最好的出路。

严家和宋家一直有些渊源，而严仁美和宋蔼龄的大女儿孔令仪成了极要好的朋友。孔比严小一岁，两人无话不谈。孔令仪知道严仁美婚姻不幸福，就常约她到孔家玩，严仁美特别招人喜爱，所以，那时候孔家人全都支持她离婚，鼓励她重新开始自己的生活。

最美的婚姻就是一见如故

严仁美离婚之后，就一直独居。

在太平洋战争爆发前夕，严仁美的干妈盛关颐将新康花园 15 号给她住，这是栋漂亮的花园洋房，孔令仪和盛关颐先后住过，家具齐全，装修豪奢。

严仁美很高兴，她很喜欢这处房子，特意请人把房子重新粉刷，还重新打理了花园，每天一日三趟来查看，盘算着等竣工了便入住。谁知道，这栋房子却惹来了祸事。

此时的上海时局动荡，日本人在租界里的势力一天天地膨胀，几乎无所顾忌。一些日本高级官员纷纷到高级住宅区里转悠，打着租房子的幌子，其实大家都知道那是抢房子。

严仁美尽管离过婚，却依然是个秀外慧中的女子，美丽得令人挪不开眼睛。所以，冲着房子而去的日本人山本还没看上房子，就先看上了严仁美，这个日本人借口要租住这栋房子，天天上门来骚扰。尽管严仁美一再表明这房子不租，是自己住的，可他却缠着不放，总是找理由出现在她的面前，如同围着鲜花打转的狂蜂浪蝶。

好不容易等房子装修好了，严仁美准备搬进去的时候，那日本人居然扬言也要搬进去住。他还叫人传话给严仁美的家人，说自己是个大官，在部队是个部长，还没有结婚等等，摆明了就是要强娶。

见此情形，严仁美也没心思住进新康花园了，她立刻回了严家，但日本人紧跟不放，竟然纠缠到严家。又惊又怕的严仁美只能躲，她先后躲到叔叔家和姑婆家，但日本人还是总能找上门，这个时候，与她关系要好的孔令仪写信让她来重庆，她立刻应允了，可惜在手续都办好之后，却又因为孩子而留了下来。

在这种情况下，严父开始找家里人商量，他们一致决定让严仁美再婚，因为只有这样，才能断了日本人的念想。于是，严家很快给严仁美安排了相亲，对象就是小港李家的李祖敏。

小港李家跟严家一样，也是浙江籍的大族，世代在沪经商，家底丰厚。李祖敏本人是光华大学经济系毕业，学问好，性情本分，没有成过家，还是大中火柴厂的老板。至于两个人合不合适，严仁美无暇多想，她只想尽快断了日本人的念想，于是，在见面之后的三个月里，两人就迅速完婚了。别说是当时，就是放到现在，这也算得上闪婚了。

果然，严仁美再嫁后，日本人就死了心，严家松了一口气，但他们很快又开始担心，因为这场婚姻实在是仓促，严仁美与李祖敏之间的接触并不多，他们很难看好这样一段为了躲避日本人而凑成的婚姻。

出人意料的是，这段婚姻竟然很幸福，也很美满。

严仁美和李祖敏相处得不错，和和美美，相伴终生，优雅如花的她就像找到了一个合适的容器，欣赏她、包容她、滋养她。

仓促而成的婚姻长久而温馨，也成了当时的一段佳话。

知心话

有的女人在恋爱长跑之后，收到的不是订婚戒指，而是一句"分手"；有的女人在恋爱一个月后，就披上白纱，走入婚姻殿堂。

鲁豫的爱情故事广为人知，她与男友交往七年，对方根本没有娶她的打算，但是，当她失恋之后遇到现任老公，仅仅几十个小时，对方就想娶她为妻。

其实，爱情和时间的长短并没有必然联系。

婚姻是长跑爱情的结果还是一见钟情都不重要，重要的是你所嫁的那个人，他是不是你想要的？他是不是能够包容你的？他是不是能让你做出某些让步的？

只要遇到了正确的人，时间可以妥协的。

遇到对的人，哪怕只是认识一天，那也是水到渠成的缘分，执子之手，与子偕老；遇到错的人，即便是认识半生，青梅竹马，那也有可能竹篮打水一场空。

如何爱上一个人不重要，爱对一个人很重要。

林海音：随遇而安，优雅自得

好友斌结婚了，新娘不是他爱得死去活来的女神，而是一个相亲认识的姑娘文。

文出身普通，相貌平平，性格温和有礼，据说公婆都对她赞赏有加，斌本人似乎也很喜欢。我们私下都纳闷，要知道，斌的前女友是个模特，漂亮大方，活泼开朗，喜欢撒娇，也喜欢使小性子，这两个姑娘就像水与火。

一次偶然的机会，我在聚会上见到了文，闲聊过后，我对她刮目相看。这是个腹有诗书气自华的姑娘，有见识，也有礼貌，言谈举止都恰到好处，让人如沐春风，即使没有美艳的相貌，也同样讨人喜欢。

事后，斌向我透露：文不是第一眼让他想谈个恋爱的女人，却是让他萌生了结婚念头的女人。因为她的沉静与从容更适合做妻子，她的渊博和学识能够与他相聊甚欢。美貌当然重要，但再怎么美貌也会被婚姻摧残，旗鼓相当的智慧才能难得。

愁云惨雾中的城南旧事

喜欢林海音，是因为一本《城南旧事》。那时，我不过是个高中生，在繁重的功课中，看一本这样的小说，就像呼吸了一股清新怡人的空气。

《城南旧事》的背景是 20 世纪 20 年代末，主人公英子是一个六岁的小姑娘，她居住在北京城南的一条小胡同。在这里，英子遇到了形形色色的人：在胡同口寻找女儿的疯女人秀贞、为了供弟弟读书而不得不干了偷窃行当的年轻人、让父亲喜欢的兰姨娘以及命运多舛的乳娘宋妈。

透过这些人的故事，英子读出了人生的无奈与世事难料，明白了世态炎凉。在疯女人秀贞与亲生女儿相认的当天晚上，母女俩双双葬身火车下；不得已成为小偷但良心未泯的年轻人最终被巡警抓走；为了阻止父亲爱上兰姨娘，英子把她介绍给别人，最后兰姨娘离开她的家；为了养家糊口，撇下自己的儿女，伺候别人的宋妈是个悲剧，最后儿子惨死，女儿被卖，她被丈夫接走。

父亲的病故，是英子人生中的大事，十三岁的她突然之间就长大了。她知道自己已经不能够再像个小孩，而是要担起这个家的责任。

这一个又一个的故事串下来，记录了英子的成长史，虽然通篇没有华丽的辞藻，却都带着淡淡的思索。《爸爸的花儿落了》是最后一篇，至此，英子的童年就结束了，伴随着一股挥之不去的伤感。事实上，整本书都透着若有似无的悲剧色彩，每个故事里的主人公最终都以各种方式与她诀别，在这个小女孩眼里，那只是乡愁，殊不知背后蕴藏着家国的风云变化。

后来，我才知道，这本书其实相当于林海音的自传，因为林海音原名林含英，小名英子。小说里主人公英子的遭遇和她本人在现实生活中的经历高度相似，从七岁到十三岁，六年的时间，英子在世态炎凉与纷争不断的社会环境下一点点地成长，这也是林海音自己的成长轨迹。

林海音的童年在北京，她是在台湾被日本帝国主义侵占期间，举家迁居北京的。在这里，她看到了冬日阳光下的骆驼队，它们慢慢地行走着，在阳光下一步步地迈向远方。每一年的冬日，她都能看到它们，一年，又一年，当春天刚过，夏天走远，秋日飒飒的风吹过厚厚的城墙时，冬日就这么如期而至，骆驼队也如期而至。

她的童年也跟着一年中的喜怒哀乐被时间碾压过去，成为一段段渐渐模糊的记忆。为了纪念自己的童年，她写了这样一本小说，没有过多的跌宕起伏，没有轰轰烈烈的情感宣泄，没有撕心裂肺的回忆，有的只是无声的悲欢离合，细腻绵长，打动人心。

都说文如其人，透过这部小说，林海音的温婉与聪敏跃然纸上。看照片，她只是模样平平，但不会有人觉得她丑，也不会有人轻看她，那股挥之不去的雅致和从容，始终盘旋她眉间，那是一个有深度、有见识的女作家的徽记。

一生所恋的那棵冬青树

内秀的林海音就像一块质朴的美玉，裹在石头里，不显山，不露水，却还是遇到了识货的伯乐。

林海音出生在日本，没多久就回到了台湾，又战火连年，备受迫害的他们举家迁往北京。

十六岁时，她考入北平新闻专科学校，在这里，她一边读书，一边做起了实习记者。三年之后，即将毕业的她已经找好了工作，在《世界日报》任职。这样看来，林海音是幸运的，除了幼年的波折，她之后的人生称得上顺风顺水。但这份幸运不是凭空得来的，靠的是她的努力和实力。

报社的工作虽然忙碌，但也充实，就这个时候，她遇到了夏承楹。这位夏先生出身书香门第，家庭条件非常好，本人才华横溢，工作也是记者。或许姻缘天注定，北京的夏先生与台湾的林小姐因为工作的原因相识、相知，而后相爱。金风玉露一相逢，便胜却人间无数，他们顺理成章地走进了婚姻的殿堂。

他们的婚姻可谓珠联璧合，郎有才，女亦有才，是爱侣，也是知己，双方父母与亲戚朋友都送上了美好的祝福。林海音没有任何复杂的感情经历，也没有什么浪漫的恋爱观念，她和夏承楹的婚姻就是细水长流的温情，虽不瞩目，却很暖心。

婚后，林海音的工作重心偏向编辑，不用再出去跑新闻的她开始学着做一个妻子，将更多的时间和精力放在家庭中，细心而体贴。闲暇之余，她依然进行文学创作，写一些她想写的东西。

1948年，在北京居住了二十七年的林海音举家回到台湾，这个本是她的故乡却又有些陌生的地方。

回到台湾之后，她发表了很多文学作品，并且受聘于《联合报》副刊主编一职，继续自己在文学上的天赋。很多我们现在非常熟悉的台湾本土作家，如林怀民、黄春明、郑清文等，都是出自林海音的门下，受她启发或是被她发掘，可以说，林海音对推动台湾文学的发展功不可没。

这一时期也是林海音创作的丰收时期，她出版了四部长篇小说与三本短篇小说集，不过，没多久她就因故离开了《联合报》。

到了20世纪60年代，林海音与友人共同创办了文学杂志，在杂志发展势态良好的前提下，又创立了文学出版社，这家出版社在1995年的时候结束经营，但出版了许多脍炙人口的好书。

90 年代，林海音再次回到北京，成为两岸文学交流的重要桥梁。

她这一生没有离开书，没有离开写作。在林海音的人生中，没有坎坷的爱情，没有跌宕起伏的磨难，有的只是似水流年的日子，以及在日子中的恬静与优雅。

知心话

现代女性缺少的不是容貌上的美，美艳的、大方的、娇俏的、小家碧玉的、可爱的、瓜子脸的……这些美随处可见。但有一种美丽是后天得来的，是学习得来的，是沉淀和积累得来的，那就是优雅、是气质、是内涵。

它不在于浅薄外表，不是与生俱来，不屑于张扬与高调。它是一种说不清道不明的美，深深地渗入灵魂，哪怕只是普通的相貌，哪怕只是朴素的装扮，但会让人觉得如沐春风，说不出的舒服，就像遇到自己。

一时的吸引靠容貌，长久的相处却需要更深层的东西，比如性格、思想、志同道合的兴趣与爱好等等。这就是俗称的内在美，这种美不是化妆可以有的，不是整容可以带来的，它需要修炼，学得才识，便有优雅。

杨　绛：人生最曼妙的风景，是内心的
淡定与从容

　　杨绛的离世，似乎带走了最后的一点民国余晖，所有的故事就此尘封。但斯人虽去，纵使再过百年，岁月与风尘也掩不住她清雅的风华，正如爱人钱钟书先生对她的评价，她永远是"最贤的妻，最才的女"。

　　她的温润不同于这个时代的浮躁喧嚣，她的淡然有别于这个时代的物欲横流，读过她的文章，就会感受温存与美好，就会相信"活着真有希望，可以那么好"。在无情而漫长的时间里，她的柔韧与清朗，从始至终都充满了力量，也给予了世人温暖。

清醒是一种存活于世间的姿态

　　十七岁的杨绛是个很犟的姑娘，她一心一意准备着清华大学外文系的考试，结果清华虽然招收女生，但是在南方没有名额。带着失落和无奈，她只能转投江苏的东吴大学。

　　这个时候，费孝通一直陪伴在杨绛左右，他把所有追求杨绛的男生都拦在门外。因为他们两人从初中到大学都是同班同学，费孝通自然而然地当起了护花使者，替她拦着各类追求者，俨然以男朋友自居。他会单独约见追求杨绛的男生，嘴上特别有理地说道："我跟杨季康是老同学了，早就跟她认识，你们'追'她，得走我的门路。"

　　虽然上了东吴大学，杨绛还是忘不掉自己心心相念的清华大学，当东吴大学因学潮停课后，她与自己的朋友们北上考试，那时候大家都说好了一起考燕京大学。结果，杨绛临时变卦，放弃燕京大学，宁可去清华当借读生。

　　就因为这样的一个举动，她认识了相伴一生的钱钟书。所以，杨绛的母亲常常打趣："阿季的脚下拴着月下老人的红丝呢，所以心心念念只想考清华。"

　　到了清华之后，杨绛去看望自己的老朋友孙令衔，而

真正的优雅·经得起岁月

当天孙令衔正要前去看望自己的表兄，也就是钱钟书。这是杨绛与钱钟书的第一次相见，并没有多聊，匆匆一面，不过这一面却让彼此记忆深刻。

不久，钱钟书写信给杨绛，约她见面。他也没有太多的寒暄，开门见山地说："我没有订婚。"杨绛也落落大方回了一句："我也没有男朋友。"从此，两人便开始鸿雁往来，信是"越写越勤，一天一封"，但杨绛一直没有觉得自己是在恋爱中，直到假期临近。她觉得有些不开心了，"他放假就回家了。（我）难受了好多时。冷静下来，觉得不好，这是 fall in love（坠入爱河）了。"

这时候，已经看出苗头的费孝通坐不住了，他特意来到清华大学找杨绛，很有些要找她理论的意思。费孝通觉得自己才是最有资格做杨绛男朋友的人，毕竟大家在一起很久了，从初中到大学，这么多年的朋友，彼此都很熟悉。结果，杨绛的回应给了他当头一棒："朋友，可以。但朋友是目的，不是过渡；换句话说，你不是我的男朋友，我不是你的女朋友。若要照你现在的说法，我们不妨绝交。"

由此可见杨绛对于爱情的态度，她爱一个人要认真地爱，忠贞不渝，绝无二心，颇有君子之风。

有趣的是，在一次中国社会科学院代表团访问美国时，钱钟书与费孝通竟然同时被选为代表团成员，不仅一路同行，而且还被安排在了同一套间。此时的钱钟书与杨绛已婚多年，谈及此事，钱钟书曾开玩笑地借《围城》里赵辛楣曾对方鸿渐说的话，"我们是'同情人'。"

费孝通直到晚年都将杨绛视为自己的初恋，但杨绛的态度却坚决而强硬，她直言"费的初恋不是我的初恋"，将自己撇得干干净净。或许有人觉得她绝情，有人觉得她清高，有人觉得她不通世理，其实，女人要做到这样干净利落并不容易，有谁能像她这样坦然，不愧于自己，不愧于爱人，不愧于追求者。

真正的优雅·经得起岁月

在简约的四季中与某个人携手而行

杨绛对不爱的人可以斩钉截铁，但对于爱的人，却是携手终身，不离不弃。

1935 年 7 月 13 日，钱钟书与杨绛在苏州庙堂巷杨府举行了结婚仪式。多年后，杨绛在文中幽默地回忆道："《围城》里）结婚穿黑色礼服、白硬领圈给汗水浸得又黄又软的那位新郎，不是别人，正是钟书自己。因为我们结婚的黄道吉日是一年里最热的日子。我们的结婚照上，新人、伴娘、提花篮的女孩子、提纱的男孩子，一个个都像刚被警察拿获的扒手。"

结婚后，因为钱钟书要赴英法留学，杨绛选择了陪同，为此，她甚至毫不犹豫地中断了自己在清华的学业。在这段日子里，她揽下了生活中的所有杂事，因为满腹经纶的钱钟书是个十足的生活白痴，所以，她从一个才女很快地转换到了一个做饭制衣、翻墙爬窗、无所不能的家庭主妇。

居家过日子，她常常挂在嘴边的话就是"不要紧"，因为钱钟书在家务上总是犯错闯祸，每每闯祸，他就像一个无助的孩子，而她就站出来安抚道："不要紧。"台灯弄坏了，"不要紧"；墨水染了桌布，"不要紧"；似乎所有的事情都不要紧，在家里、在杨绛的心里，也许要紧的只有钱钟书。以至于连钱钟书的母亲都夸赞这位儿媳；"笔杆摇得，锅铲握得，在家什么粗活都干，真是上得厅堂，下得厨房，入水能游，出水能跳，钟书痴人痴福。"

"围在城里的想逃出来，城外的人想冲出去。对婚姻也罢，职业也罢。人生的愿望大都如此。"很多人都知道，这是钱钟书的小说《围城》里的一句话，但是很多人不知道，这句话实际就是出自于杨绛之手。她懂得婚姻，更懂得《围城》。

守一池素色莲荷看光阴在不经意间老去

再美丽的爱情都有消逝的那一刻，再和睦完美的婚姻也有着落幕的一瞬间。

1994年钱钟书住院，陪在床榻前的是杨绛一人，他们的女儿已先一步离开。没多久，钱钟书也依依不舍地走了，只留下孤孤单单的杨绛，她说过这样一句话："钟书逃走了，我也想逃走，但是逃到哪里去呢？我压根儿不能逃，得留在人世间，打扫现场，尽我应尽的责任。"

于是，当年已近九十高龄的杨绛开始翻译柏拉图的《斐多篇》。2003年，《我们仨》出版问世。这本书写尽了她对丈夫和女儿深切绵长的怀念，感动了无数人。

爱情就应该像她笔下的模样，在平淡中默默流淌着，没有璀璨如烟花的激情，也没有撕心裂肺的痛楚，有的只是说不出口的缅怀和惦记。这或许就是她自己的写照，即使爱人和女儿相继离世，她也坚强地活着，一个人活出三个人的精彩，带着他们的祝福，带着自己的回忆。

有人曾这样评价杨绛笔下的文字："九十六岁的文字，竟具有初生婴儿的纯真和美丽。"已经算是走到人生边上的她愈战愈勇，唯愿"死者如生，生者无愧"，所以，她毫不犹豫地接手了钱钟书留下的几麻袋天书般的手稿与中外文笔记，这些资料多达七万余页，而她都做了细致的整理，井井有条，得以成书。

于是，我们能够在多年之后看到钱钟书的遗作。

记得曾经看过一篇杨绛的散文《隐身衣》，文中写她和钱钟书最想要的"仙家法宝"莫过于"隐身衣"，隐于世事喧哗之外，陶陶然专心治学。其实他们做到了，在浮躁的社会中，看杨绛的文字，总能找到一丝轻慢的悠然，找到一种感悟：人总要安静下来想一想自己，人总要平静下来看一看周围，人总要这么踏踏实实地度日。

知心话

生活总会有风波，就像海上狂风孟浪，颠覆船只。我们不必灰心，也不必害怕，应该像那一片帆，不焦躁，不慌张，不痛哭流涕，安静地审视风浪，安静地应对。

心中淡定，生活才会从容。

谁的这一生，没有跌倒过、哭过、痛过、累过，笑对需要勇气，笑对需要智慧。要知道，所有的得到与失去最终成为回忆，所有跨不过去的坎儿也变成了最轻易迈过的台阶，何必为眼前的苦而哀叹，何必为一时的输而沮丧，再淡定些，再从容些，一颗强大的心才能以不变应万变，才能熬过岁月里几多磨合和人生中时光荏苒。

坎坷终会过去，美好也将萎谢，我们能做的，就是保持着那份安静与恬然。

夏　梦：美丽也是一种资本

　　朋友 Y 突然约我出来喝酒，酒过三巡，他开始絮絮叨叨地说起自己的暗恋史。

　　他大学时喜欢系里的女神，对方长得漂亮，性格开朗，留着一头长发，常常穿一件白色的长裙，引来了无数男生的爱慕，Y 就是其中的一个。

　　情人节时，他准备了玫瑰花和蜡烛，在她宿舍楼下告白，可是她始终没有露面；她生日时，他精心挑选了礼物，怕她拒绝，特意让快递公司送上门；毕业时，他喝多了，在她面前哭得眼泪鼻涕一大把。

　　谁都知道他爱得虔诚而热烈，可是女神偏偏不动心，还很快交了男友，对方是个有钱公子哥，知道她文艺范儿十足，给她开了一家花店。

"听说她又交了男朋友，连婚期都定了。"Y黯然神伤，"为什么她换了一个又一个男朋友，从来不考虑我呢。"

我叹了口气。

女神的新男友据说是富二代，还没结婚，已经送了她一套房产了。有的姑娘就是更理性，她知道自己要什么，从不走弯路，美貌就是她的武器。

谁也不能说她对，谁也不能说她错，美丽本来就是资本。就好像夏梦，她坚持不嫁入豪门，她要把自己经营成豪门，所以，即便是有金庸这样的豪门才俊，她依然不动心。

襄王有意神女无心

天生丽质的夏梦曾被人誉为是"东方奥黛丽·赫本"，因为出众的容貌，她年轻时被众多男生追求，其中最著名的便是大才子金庸的暗恋和仰慕，外界一直都曾传闻金庸笔下"小龙女"的原型便是她本人。

夏梦有多美？

她是香港公认的西施，她妹妹曾经很骄傲地说："夏梦没有一点整容。"多次合作的化妆师回忆第一次见到夏梦，都一致赞叹："美得不得了，摸她的皮肤滑的不得了。"

窈窕淑女，君子好逑，不知道多少青年才俊为她的风采所倾倒。金庸说："西施怎样美丽，谁也没见过，我想她应该像夏梦才名不虚传。"李翰祥也说："夏梦是中国电影有史以来最漂亮的女演员，气质不凡，令人沉醉。"

她从小就是美人，注定要走上演艺这条路。

夏梦的少女时代是在老上海浓重的艺术氛围中度过的，她的父母都喜欢话剧，对她影响很深。她六岁时参加《大陆报》举办的"上海儿童摄影比赛"，获得了冠军。1947年，她随家人迁居香港，考进玛利诺修院学校继续求学，这期间，她爱上了戏剧表演，尤爱莎士比亚的作品，出演过《圣女贞德》等舞台剧。

她原名杨濛，"夏梦"这个艺名就是取自莎士比亚的《仲夏夜之梦》，诗意而美好，就像她本人。

1950年，夏梦被香港长城公司的星探发掘，开始接片拍戏，先后在《禁婚记》《娘惹》《孽海花》等影片中担任女主角。她形象好，落落大方，秀外慧中，很有观众缘，一时间引来众多的关注。

《深圳商报》评论她："夏梦有着清新的笑颜，良好的教养，她是左派电影业的一段缩影。她不仅在银幕内外的风度令人倾倒，而且语通中外，学及古今，博览群书。"

这样出色的女子，金庸不能不动心。

为了接近夏梦，1957 年，金庸加入香港长城电影制片公司，做了一名编剧。其实，他当时已经是名动香港的大才子，家世又好，人缘不错，才华横溢，却偏偏甘愿委屈自己，只为了近水楼台先得月。对此，他还曾经自嘲："当年唐伯虎爱上了一个豪门的丫鬟秋香，为了接近她，不惜卖身为奴入豪门，我金庸与之相比还差得远呢。"

金庸为夏梦度身定制了一部剧本，也就是她的代表作《绝代佳人》。

就在所有人以为这是一段才子美人的佳话时，结局却出人意料，夏梦并没有接受金庸。她妹妹曾经回忆，"那时她全部的注意力都在戏上，暗恋的也有，但她根本就没有感觉。"

或许是真的没感觉，或许是刻意的回避，或许是无情。

"生活中的夏梦真美，其艳光照得我为之目眩；银幕上的夏梦更美，明星的风采观之就使我加快心跳，魂儿为之勾去。"

这是金庸的肺腑之言，打动了所有人，却偏偏打动不了夏梦。

女人的安全感来自自己

夏梦在22岁的时候嫁给了丈夫林葆诚。他是圣约翰大学的毕业生，酷爱艺术，后来做了商人。

夫妻俩都喜欢电影喜剧，他很支持夏梦的事业，还会帮着她挑选剧本。夏梦对他既感激又敬慕，那些来自四面八方的许多爱慕追求者，她一律拒绝。

比起感情世界，夏梦似乎更看重事业。

1954年，夏梦在电影《都会交响曲》饰演兰丝，并在同年的电影《姊妹曲》中饰演女主角陆黛妮，此后，她成为香港左翼国语电影公司的台柱，并与石慧、陈思思并称"长城三公主"。

人人追捧的"大公主"并不满足于此，她跳槽到凤凰影业公司，同时继续为长城公司拍片。那部由金庸操刀的《绝代佳人》，获得了中国文化部优秀影片荣誉奖，她名声大噪，1959年，在《长城画报》主办的"香港国语片十大明星"选举中，夏梦名列第一。

和现在很多女星相比，夏梦敬业太多，她不仅仅把演员当成工作，也当成了一份神圣的职业，不断突破自己，不断向上攀登。1960年，她首次尝试反串演出，在越剧戏曲片《王老虎抢亲》出演周文宾，竟然获得不少好评，同年主演的古装悲剧片《同命鸳鸯》在香港国际电影节也备受赞赏。

夏梦在长城共主演影片18部，在凤凰影业共出演影片10部，这个工作量堪称繁重。

正是她的勤奋与努力，才换来了风头无两的荣耀，那时候，谁不知道大明星夏梦？

"文化大革命"后，影业公司遭受巨大损失，夏梦及时抽身，告别了从影17年的生活，告别了香港，举家移民去了加拿大定居。

你以为她的故事就此结束了吗？并没有，时局稍稍平稳后，夏梦就开始张罗着复出，这一次，她的身份不再是演员，而是制片人。

明明可以做个阔太太，衣食无忧；明明可以挥霍女明星的余热，坐收名与利；明明可以凭着美貌嫁入豪门，但是，夏梦仍然坚持走自己的路。

1979 年，夏梦与朋友合股创办"青鸟电影制片有限公司"，担任总监制，重返了她阔别将近十年的电影圈。

她的开山之作是有关越南题材的《投奔怒海》。影片上映后，一举夺得了第二届香港电影金像奖的最佳影片、导演、编剧、美术指导等多项荣誉。更值得一提的是，电影启用了新人刘德华，这个举措无疑是大胆的，夏梦说："我看准他，结果他红了。"

这话透着满满的自信和自得，是平常女人没有的。

夏梦也活跃于政坛上，是第五到第九届全国政协委员，全国文代会第四、五届文联委员和代表，此外，她也曾担任华南电影工作者联合会的会长。

和夏梦同时期的女明星有很多，但像她这样聪明、独立、经久不衰的女明星，没有第二个。

她把美丽经营成了事业。

金庸一直都对夏梦念念不忘，在他的小说里，总有她的影子。

夏梦为什么这么迷人？仅仅是因为一张脸吗？美丽的人那么多，美丽而聪明的灵魂却很少见。

别的女人还在钩心斗角地寻找富二代，别的女人还在想方设法地走捷径，别的女人还在嘲笑夏梦暴珍天物，而她却无声无息地闯出了自己的天地。

美貌是可以当饭吃的，美貌是可以有用的，美貌是可以成为资本的。

这不是要女人们学着去整容，学着去出卖色相，而是告诫她们，用美丽成就自己的事业，不用依靠男人，也不用担心自己的美貌不能长久，因为你的事业不会背叛你。

真正的优雅，
经得起岁月